W0323267

Du même auteur :

La caravane des chimères, Olivier Orban, 1990.
Pour en finir avec Shahrazad, Cérès, 1997.
Ce pays dont je meurs, Ramsay, 1999.
La retournée, Ramsay, 2002.
Le voile islamique, Favre, 2002.
Ce voile qui déchire la France, Ramsay, 2004.
La deuxième épouse, Ramsay, 2006.
J'ai épousé un Français, Plon, 2010.
Je ne suis pas Diam's, Stock, 2015.

Le corps de ma mère

COLLECTION DIRIGÉE PAR JOËLLE LOSFELD

© Éditions Déméter, 2016, pour l'édition tunisienne.
© Éditions Gallimard, 2016, pour l'édition française.
ISBN : 978-2-07-266977-4

Fawzia Zouari

Le corps de ma mère

Récit

Présentation de Boualem Sansal

ÉDITIONS JOËLLE LOSFELD

À la mémoire de ma sœur Henda, partie trop tôt.

Présentation

de Boualem Sansal

Fawzia Zouari nous livre un récit familial extraordinaire, shakespearien dans sa trame, son ampleur et son style, dont on ne sort pas indemne. Le lecteur en est averti, le vertige le saisira, dès les premières pages il ne pourra échapper au désir, plein de risques, de tourner son regard sur lui-même et de s'interroger sur l'histoire de sa propre famille. Il lira le récit de Fawzia Zouari autant qu'il fouillera en lui, et de cette mise en parallèle va sourdre un irrépressible malaise. « On peut tout raconter, ma fille, la cuisine, la guerre, la politique, la fortune ; pas l'intimité d'une famille ; c'est l'exposer deux fois au regard. Allah a recommandé de tendre un rideau sur tous les secrets, et le premier des secrets s'appelle la femme », ainsi Yamna, la mère, la matriarche, gardienne du temple et de ses secrets, parlait-elle à sa fille.

Le paradoxe est là, les familles tireraient leur cohésion des secrets qui les habitent et ce lien est d'autant plus mystérieusement fort, aliénant dirons-nous, que les secrets sont lourds, obscurs, compromettants, insolubles. C'est au fond le souci de préserver leurs secrets qui garantit la pérennité des grandes fratries, l'affection pour les siens est un plus, doux et rassurant, mais pas forcément nécessaire, pas forcément suffisant.

Le récit ouvre sur une scène infiniment théâtrale : dans un hôpital tunisois, la matriarche Yamna, plongée dans le coma, se meurt. Mourront avec elle sans doute les secrets qui ont construit et soutenu sa famille et sa tribu. Son histoire est troublante, son corps même, jusqu'à la couleur de ses cheveux, protégée par une incompréhensible pruderie, érigée en religion, est un secret bien gardé. Autour de son lit, tourne la famille, les filles et les frères d'abord, puis arrivent les oncles, les tantes, les cousins lointains et enfin toute la tribu. Tout ce monde relié par de vieux secrets plus ou moins sus, plus ou moins assumés toujours bien gardés, se délite et se reconstruit à mesure que la matriarche entre dans la mort et de la sorte libère la famille du poids de ses mystères.

Alors que nous fermons le livre sur ses murmures et ses silences inviolés, s'élève en nous un air romantique à fendre le cœur :

Y a tant d'amour, tant de souvenirs,
Tout autour de toi, toi la mamma
Y a tant de larmes et de sourires,
À travers toi, toi la mamma,
Que jamais, jamais, jamais,
On ne t'oubliera.

B. S.

Prologue

Ce bruit, dehors ! Et au-dedans de moi, ce silence que creuse sa mort, cette main fébrile qui vide mes jours de leur substance pour les remplir de sa vie, dense et secrète. Dans une cache à double fond, j'ai entassé nos souvenirs à toutes les deux. J'ai sous la main les récits glanés sur elle et je veux partager mon butin avec un lecteur. Seulement voilà. Chaque fois que je m'installe devant mon bureau, une torpeur bizarre, comme un demi-sommeil, m'engourdit l'esprit et ma mémoire se fait cambrioler. Je me lève, me dirige vers la fenêtre et me laisse distraire par le spectacle de la rue. Soudain, son corps étendu sur une civière passe juste en dessous de chez-moi et je vois les mots fondre sur lui comme des charognards. Je recule, effrayée.

Je teste mes capacités d'écriture sur d'autres destins et les phrases reviennent. Force est de constater qu'il m'est plus aisé d'aller sur des sentiers inconnus que d'emprunter le chemin qui mène vers ma mère. Et je finis par m'en faire une raison. Plusieurs, même. J'invoque la crainte de son jugement posthume. Sa détestation de mon métier d'écrivain. L'enseignement de sa religion interdisant de lever le voile sur l'intime. Celui des femmes, surtout.

Et puis qui pourrait reconnaître sa mère dans les traits de la mienne ? Les mamans d'aujourd'hui sont bavardes, volubiles, branchées sur Internet, la mienne ne parlait qu'au « vent quand il se lève et à l'oiseau qui prie ». Les mères modernes sont instruites, curieuses, aventurières, grandes voyageuses, la mienne n'a jamais vu la mer ni mangé un poisson de sa vie.

Et comment oser intenter un procès à celle qui m'a mise au monde, comme le font certains écrivains. Maman me battait quand j'étais petite, c'est vrai. Elle a failli me priver d'études et me vouer à la réclusion. Elle m'a greffé la culpabilité dans la peau pour être partie à l'étranger alors que les femmes de mon pays ne traversaient pas la frontière. Et quand je touche mon corps, je le découvre encore cousu de ses peurs. Mais je ne peux pas lui en vouloir. Comme s'il y avait une fatalité chez les Arabes à absoudre les mères.

Bref, je me dis ceci : « Maman n'existe dans aucun livre, personne n'a vécu ce que j'ai vécu, personne ne porte comme moi l'essence de cet être pétri de toutes les époques. Personne ne me lira. À quoi bon écrire sur elle ? »

Parfois, je me demande si la difficulté ne vient pas d'un problème de langue. Peut-on vraiment mettre le français au service d'une bédouine tatouée qui n'a jamais frayé avec la « tribu » gauloise ? Et restituer une rythmique de vie arabe sur une partition latine ? Suis-je autorisée à raconter ma mère autrement que par ses propres mots ? Forcer son secret autrement que par le sésame du verbe coranique ? Ne serait-ce pas exhiber deux fois sa vie que de la donner à lire dans la langue des « Infidèles », pour recourir à ses propres termes ?

Jamais la langue française ne pourrait dire ma mère. Ni la faire chanter. Ni essuyer ses larmes. Je n'écrirai pas.

C'est ainsi que j'abandonne le projet et décide, à défaut d'écrire sur ma mère, de devenir une bonne maman. Les premiers mois qui suivent son décès, je me concentre sur mes enfants, m'en occupe plus consciencieusement qu'à l'habitude, les chouchoute, les serre contre moi, sans les embrasser toutefois, le réflexe est absent. Je passe l'autre partie de mon temps à m'affairer dans la cuisine. Éplucher, écosser, hacher, trier les graines et faire fleurir les bouquets de thym et de laurier sur les étagères, une nouvelle passion. De sorte que, l'été 2007, ma terrasse se couvre de tomates et de piments à sécher, de morceaux de viande accrochés à une corde à linge qui finissent par ameuter les chats du quartier. Du moins, ceux qui restent libres de courir les terrasses à Paris. Je laisse tomber mes exercices de gymnastique à l'Aquaboulevard pour malaxer la farine et pétrir le pain. Les muscles de mes bras gonflent à vue d'œil. J'enduis la pâte de beurre et de jaune d'œuf, la pose sur un plateau en fonte qui s'ajuste mal à la cuisinière de marque allemande et bringuebale sur le feu. Pour empêcher la pâte de coller, j'y jette des petits cailloux que je ramasse dans un square à côté de chez moi. En plein Paris, c'est aussi étrange que de ressusciter la lampe à huile ou le labourage à la charrue.

Je retrouve tout, ses recettes et ses gestes. Chaque fois que j'effeuille un artichaut, écosse une fève ou mouille la graine, j'ai l'impression de rétablir l'horloge d'un monde posé à l'envers depuis que maman n'est plus.

Je m'apprête à acheter une série de tamis et de grosses bassines pour rouler moi-même le couscous quand le sourire ironique d'une copine de France me remet dans le siècle : « Tu plaisantes, j'espère ! Va plutôt chez l'épicier arabe et achète-toi un paquet Gharbi, c'est la meilleure semoule ! »

Le coup de grâce. Je remets la main sur mes jours et réapprends à vivre sans maman.

Jusqu'à ce mois de janvier 2011. La Révolution vient d'éclater en Tunisie.

Je me surprends à courir vers mon ordinateur. Une voix de l'intérieur me commande sur le ton des oracles : « Vite, vite, sait-on jamais, les révolutions, ça vous souffle le passé comme tornade et ça vous ravit une enfance en un tour de main ! Il faut que tu rattrapes ta mère avant de te la faire dérober. La sédition qui monte risque de noyer sa mémoire. Votre horizon, à ta mère et toi, ne sera plus alors qu'une ligne imaginaire et votre passé un filet à fictions ! »

Alors que, à Tunis, se lève la clameur, je m'assois devant mon écran. Et pendant que mes compatriotes, là-bas, battent le pavé en criant qu'il faut changer l'ordre séculaire et abolir le monde des anciens, je glisse dans la mélia[1] de ma mère en guise de robe d'intérieur, et je serre sur mon bassin sa vieille ceinture berbère. J'ai la sensation d'être enceinte de maman, son enfance adhérant à la mienne comme la peau à la chair, l'une ne pouvant venir au monde sans l'autre.

Mon mari dit : « Il te faut donc une révolution pour te sentir autorisée à écrire sur elle. »

Et je m'entends répondre : « Maintenant, je comprends. Ce sont les mots qu'elle m'a laissés en héritage, à son corps défendant. »

1. Habit traditionnel fait d'une grande étoffe sans couture, tenue par des fibules au niveau de la poitrine et d'une ceinture au niveau du bassin.

LIVRE I

Le corps de ma mère

Tunis, printemps 2007

Vu du hublot, le ciel est un balcon sur mon village. Il me suffit de pencher la tête pour apercevoir le patio aux faïences bleues et la petite fille qui court les bras tendus vers elle. J'ai cinq ans. Maman n'a pas d'âge. J'enfouis par surprise ma tête dans son giron, elle esquisse un mouvement de recul, l'air de dire, pas d'effusions, combien de fois faut-il te répéter qu'on n'étreint pas sa mère ! Je m'accroche, glissant les doigts d'un côté et de l'autre de sa mélia ouverte sur les flancs. Elle hésite, finit par poser la main droite sur ma tête, jamais la gauche réputée porter malheur. Elle consent à appuyer doucement, et c'est comme si elle s'apprêtait à m'ouvrir l'accès de son ventre. À l'intérieur, juste au-dessus du bassin serré par une ceinture de laine tressée en sept rangs, je ramasse par poignées une obscurité soyeuse et sucrée. Je fouille entre les amulettes en forme de petits cubes, les boîtes à tabac, les épingles de sûreté, les clefs de toutes tailles, l'écorce de noyer qui lui sert à se blanchir les dents et la gomme arabique qui purifie son haleine. Une vraie caverne d'Ali Baba. Je comprends pourquoi, certaines nuits, mon père se mettait à crier dans son sommeil : « Yamna, mon trésor ! » Et elle de couvrir rageusement sa voix : « Que racontes-tu, toi l'homme ! Le trésor, nous ne l'avons jamais retrouvé ! »

Maman dégage son corps du mien et s'éloigne. Je me penche plus en avant pour l'observer. Sa main qui file et carde. Sa quenouille qui virevolte et s'échappe de ses doigts sans cesser d'en être prisonnière. Le tamis qu'elle remue et secoue en l'air. Le couvercle d'une casserole qu'elle agite sur le brasero. La flamme qui prend et les étincelles qui crépitent. C'est à ce moment précis qu'elle se tourne vers moi et dit : « Sache que les étincelles ne s'éteignent jamais. Elles vont se fixer au ciel. Ce sont les étoiles que tu vois la nuit. » Puis elle se tait. S'en va pétrir son pain dont elle enduit la surface de graines de sésame qui essaiment soudain comme des taches de rousseur sous le soleil. Je change d'angle. Elle est assise en tailleur sur sa peau de mouton. Impossible de songer à ma mère sur une chaise, il serait plus aisé d'imaginer le pape sur un kilim. Pas question non plus d'espérer la surprendre dans son lit. Maman ne dormait pas. Ne dormait jamais. Sinon, qui aurait défendu ses enfants de la maladie, des ogres, des voleurs, des djinns et des sorcières reconnaissables à leurs pieds en forme de sabots de chèvre ?

Le front toujours collé au hublot, dans cet avion de retour au pays, je pense vraiment que le mystère du monde m'a été donné dans les gestes de cette femme qui raccordaient le présent au passé et qui s'exécutaient sur une partition de chuchotements, car la voix féminine était aussi honteuse chez les miens que la nudité. Nos mères ne disaient pas leur joie ni ne se plaignaient. Veillaient à sauvegarder l'essentiel sans rire ni fanfaronner. Et s'il arrivait qu'on les entende, c'était pour chanter une naissance ou pleurer une mort. Puis, leur silence de nouveau, destiné à préserver l'enfance pour plus tard.

C'est dire si je connais peu de choses sur elle !

Non pas qu'elle n'aimait pas raconter, ma mère. Elle emplissait notre enfance de contes et de légendes pour éviter les récits intimes. Les miracles des saints servaient à détourner notre attention du cours réel de son existence, et les descriptions précises des êtres de l'au-delà orientaient nos regards sur autre chose que son corps. Oui, maman prenait des chemins de traverse chaque fois que le propos risquait de passer par ses secrets ! Elle fermait d'une main l'accès à sa propre vie, de l'autre elle nous tendait la clef du monde et son trousseau de mystères.

Elle ne refusait pas la réalité. Elle laissait simplement la porte ouverte à l'Étrange qui prenait place au milieu de son quotidien et l'agençait à son gré. Dieu y menait la ronde des destins, l'œil narquois et la barbe en friche. Il tapait du poing, la voûte bleue se fissurait et les débris éclaboussaient le parterre du globe ! Il éternuait sous l'effet des péchés nauséabonds, assurait-elle, et Son turban menaçait de dégringoler. Alors, les créatures ne savaient plus où se mettre. Dame Nature hurlait parce que la poche des eaux se rompait. La crue noyait les champs et allait sécher sur les collines des pays voisins. Le ciel se retournait sur le dos pour découvrir son front limpide après l'averse. Et le vent se faufilait dans le ventre des femmes aussi prestement qu'à l'intérieur des châteaux hantés ! Ainsi parlait maman.

Je me souviens que, dans la galerie de ses personnages, figurait toujours la même kyrielle d'êtres invisibles estampillés du label « vrai ». Ces gens que nous ne connaissions pas, ce qui n'est pas une raison pour nier leur existence, tançait-elle, les djinns et les animaux fantastiques qui couraient entre nos pieds sans entrave ni protocole, pénétraient dans nos jours et en sortaient sans visa ni limites, bénéficiant même d'un rang supérieur : le fait qu'ils imposent leur présence sans avoir à décliner leur identité ni à montrer le bout du nez leur valait respect et immunité.

Ce n'étaient pas des *khurafât*[1], il ne fallait surtout pas prononcer le mot devant ma mère. Cela revenait à mettre en doute son

1. Fables.

existence. Non, c'était sa manière d'élever ses enfants en posant sur leur langue le goût des vérités cachées, et dans leurs mains la carte des planètes et des océans imaginés, la vie ici-bas et toutes les autres qui se dérobent au regard. Il y avait du conte mélangé au lait maternel et l'on ne pouvait le recracher sans encourir l'avertissement de circonstance :

— Lève la tête, ma fille, et observe bien la lune. Vois-tu sur sa surface l'enfant pendu par les cils ? Eh bien, c'est parce qu'il a mis en doute la parole de sa maman !

Sa voix singulière informait de ses étranges fréquentations comme on se confie de la stricte vérité. Ses doigts traçaient dans l'air un essaim de protagonistes et de paysages et le cliquetis de ses bracelets battait la mesure de l'Histoire. L'heure de maman convoquait toutes les heures à la fois, le temps était un mensonge pour la femme qu'on avait enfermée à l'âge de huit ans et dont les journées se passaient entre chambres et patios sans qu'elle puisse voir un large bout du ciel ni parler à des étrangers.

Je me souviens à ce propos que, il y a encore une dizaine d'années, personne au village ne possédait une horloge. Notre modeste bourg coulait dans les méandres d'un temps uniforme que seul Allah avait l'autorisation de déranger, cinq fois par jour, lorsque l'imam Hadj Ali, qui était centenaire et avait perdu la voix à force de menacer ses ouailles de l'Enfer, montait sur le minaret, poussant son fils devant lui afin qu'il appelle à la prière. Le gamin calait ses deux paumes derrière les oreilles, pour entonner le discours d'un Dieu toujours en campagne. Quand, plus tard, les montres et les réveils furent introduits à Ebba, il ne se trouva aucun boîtier pour marquer l'heure exacte du monde dont les villageois avaient détraqué le cours sans se soucier des conséquences.

Ma mère s'amusait à habiller les jours d'une tenue unique et faisait de la mémoire un mur lisse dont les fenêtres donnaient sur toutes les époques à la fois. Elle adossait le Paradis à l'Enfer, juxtaposait la vie à l'intérieur et à l'extérieur du ventre maternel.

Elle faisait du temps son espace. Le sillonnait dans toutes les directions sans la moindre envie de faire un pas au-dehors.

J'espérais malgré tout mieux la connaître. Mais je reculais chaque fois devant la tâche. Il fallait chercher sa vie dans toutes les vies, voyager entre les siècles, démêler l'écheveau du vrai et de ce qui ne l'est pas, inverser les situations, les personnages et les répliques et remettre sur pied les arbres généalogiques que maman faisait remonter jusqu'à Noé dont elle jurait être l'arrière-petite-fille, les rares fois où elle concédait à donner une information la concernant. Elle pouvait ajouter qu'elle était née durant la « bataille[1] de l'Éléphant » et nous assurer que l'un de ses oncles avait serré la main d'Abraham et reçu de lui le don d'ubiquité.

Bien plus tard, lorsqu'elle fut contrainte de quitter son village pour la ville, elle remplaça ses contes par des éclats de mémoire et secoua ses phrases des pépites du mystère pour leur donner le profil de l'aveu. Elle lançait des phrases telles que – « Il m'aurait violée, je vous jure, si je ne m'étais défendue... » « Les hommes sont infidèles comme le temps. » « Baiser sa sœur, c'est tout ce qu'il voulait. » Lorsque, en ces moments-là, je me trouvais par hasard près d'elle et que j'entendais ses propos, quelque chose me pressait de partir, vite. Je claquais la porte et m'éloignais avec, dans les bras, la petite fille que j'étais, de peur qu'elle ne soit rattrapée par l'enfance de sa mère.

La voix du pilote annonce notre arrivée imminente à l'aéroport Tunis-Carthage. Je me revois à dix ans, courant à perdre haleine, elle, me poursuivant avec un couteau de cuisine pour avoir osé lui demander de raconter sa vie. Au moins certains épisodes. Par exemple, les raisons qui lui avaient forgé une réputation d'épouse intraitable et de faiseuse de miracles ; comme s'il me manquait des

1. Bataille qui eut lieu d'année de naissance du Prophète et qui opposa un chef chrétien d'Éthiopie aux tribus de La Mecque pour s'attribuer la Kaaba.

repères pour grandir. Je me sentais habitée par son monde sans le connaître vraiment et capable d'y batifoler comme dans un liquide amniotique, alors même que l'époque venait de changer et que l'Indépendance de la Tunisie me poussait dans les bras d'une génération nouvelle.

À dix-huit ans, je commençai à me prendre au sérieux et estimai avoir décroché, en même temps que le bac, le statut de confidente. Cette fois-là, elle ne me poursuivit pas de son couteau, elle répondit, imperturbable : « Il faut se contenter de vivre, ma fille, et, vois-tu, on ne peut pas vivre sa vie et la raconter, c'est une hérésie ! »

Je pensai que ce n'était là qu'une forme de pudeur et insistais les jours suivants, persuadée que se confier lui ferait grand bien et lui éviterait de mourir étouffée entre ses murs. À chaque fois, elle me jetait un regard ironique qui semblait dire : Je n'ai nul besoin de toi ! Se peut-il que maman ait construit des étendues sur lesquelles dansait son cœur comme sur le fil d'un funambule ? Avait-elle fourré ses rêves dans la nuit et, dans le vent, dispersé ses sanglots ? Et ses amulettes ? S'en servait-elle pour y glisser discrètement ses craintes et ses espoirs ? Sinon, comment aurait-elle pu survivre à l'enfermement et à la domination des hommes ?

De toute évidence, celle qui parlait à Dieu et à la nature, aux djinns et aux ancêtres, aux blés quand ils poussent et aux nuages quand ils se pavanent, n'avait pas besoin de sa fille, non plus que de se confier.

Je ne cédai pas. En voyant les années l'affaiblir et la cécité rendre sa vie plus opaque, j'enrageais de la voir partir avec les temps révolus, le registre des alliances et les noms des anciens, les épisodes de sa vie conjugale. Jusqu'aux tournures de ses phrases qui commençaient à s'altérer sous l'effet de la modernité. Un jour, de retour de Paris où je m'étais établie, je me suis assise tout près d'elle et, profitant de la faiblesse de sa vue, j'ai posé sur son lit un appareil d'enregistrement dernier cri, espérant l'entendre dévider ses secrets comme jadis le fil de sa quenouille. J'étais consciente de mon subterfuge. Et elle le fut aussi. Puisqu'elle s'obstina cette fois à égrener des recettes culinaires avant de conclure avec malice : « On peut tout raconter, ma fille, la cuisine, la guerre, la politique, la fortune ; pas l'intimité d'une famille. C'est l'exposer deux fois au regard. Allah a recommandé de tendre un rideau sur tous les secrets, et le premier des secrets s'appelle la femme ! »

J'échouais ainsi à obtenir ses aveux sous la dictée. Au fond de moi, quelque chose disait que maman était aveugle à tout sauf, probablement, à cette bête tapie dans les yeux de sa fille qui la guettait. Et qui porterait atteinte à ses mots en les consignant, telle cette phrase :

« Par les cieux s'ils entendent et par la terre si elle consent, par le roseau qui gémit et la feuille qui se fane, je m'en irai un jour et ils le regretteront ! »

D'après ma sœur Souad au téléphone, c'est la dernière phrase qu'elle a prononcée avant de tomber dans le coma.

Souad est venue me chercher à l'aéroport, direction l'hôpital.

— Tu risques d'être choquée, a-t-elle jugé bon de me prévenir d'un trait. Maman ne pèse plus que trente kilos et elle a des escarres sur tout le corps. Tu vois la peau dépiautée du mouton de l'Aïd ? Eh bien, notre mère, c'est ça. Et je ne te parle pas de ses cheveux. Tu te souviens de ses cheveux ?

L'absurdité de la question me renseigne plus qu'autre chose sur la gravité de la situation. Ma sœur a oublié que nous n'avons jamais vu les cheveux de maman. Nous les connaissons par ouï-dire, seulement. Une légende tribale les disait si longs et d'un noir si intense que, lorsqu'elle les dénouait, la nuit tombait comme un rideau sur son village. La légende ajoutait que l'on pouvait s'y abriter comme sous une tente, que les senteurs de musc qui s'en dégageaient donnaient de la force et de la puissance aux mâles d'Ebba, lesquels, à l'instar du Prophète, aiment le parfum, les femmes et la prière. C'est sans doute pour cette raison que maman nous interdisait de l'approcher de trop près ou d'effleurer sa tête, menaçant : « Je mourrai le jour où l'un de mes enfants me verra nue », le mot « nue » signifiant dans sa bouche « tête découverte ».

En poussant la porte de sa chambre d'hôpital, je découvre pour la première fois les cheveux de ma mère. Et l'énigme de la nuit se perd. En guise de crinière, maman exhibe une petite touffe blanche sur le crâne et quelques poils égarés d'un côté et de l'autre des tempes.

Je m'empresse de sortir un mouchoir de mon sac. Souad s'exclame dans mon dos :

— C'est interdit par le règlement !

Je réponds sans réfléchir :

— Mais tu vois bien que maman est *nue* !

Et, aussitôt, je couvre maladroitement sa tête de ce voile incongru.

Puis, mes yeux se posent sur la forme inerte, recroquevillée sous le drap, si menue et si raide que maman semble déjà dans sa tombe.

J'ai l'impression très étrange que c'est mon propre corps qui gît là, au bord du naufrage.

La porte claque et ma sœur s'en va.

À l'évidence, je ne me suis pas assez préparée. Je m'étais faite à l'idée que maman souffrait depuis des années de diabète et de cécité mais je ne m'attendais pas à ce qu'elle tombe aussi soudainement dans le coma. Je savais qu'à quatre-vingt-douze ans elle pouvait à tout moment rendre l'âme, j'ignorais que c'est à son corps que j'allais être confrontée.

Maintenant que je suis penchée sur elle, j'en suis convaincue : je ne connais pas ma mère. Pas plus que ses cheveux, je n'ai entrevu sa taille, ses épaules ou le galbe de ses genoux. Et ses yeux ? De quelle couleur sont ses yeux ?

L'idée me traverse l'esprit. N'est-ce pas l'occasion de la détailler enfin, pendant qu'elle est inconsciente et que personne ne nous voit ? De l'observer minutieusement, du lobe de l'oreille à la commissure de la lèvre ? De caresser pour la première fois sa peau ?

La porte de nouveau. Cette fois, c'est l'infirmière. Elle relève la courbe de température puis attrape le bras de maman pour réajuster le tuyau de perfusion. Soudain, le drap glisse et je vois se dresser à la naissance de la poitrine deux petits palmiers. Ils surplombent le creux des seins et jettent une pâle verdure sur le décolleté rêche et crevassé. Leurs branches courent fines et souples sur la peau dont elles paraissent constituer les seules veines sauvées des aiguilles, la seule source de vie alimentant cette chair à moitié morte.

L'infirmière ne comprend pas mon expression étonnée. Il ne lui viendrait jamais à l'esprit que je suis en train de faire connaissance avec ma mère. Ni que je découvre à l'instant la forme précise du tatouage dont je ne voyais, petite, qu'un point bleu-vert de la dimension d'une tête d'épingle indiquant la frontière où commençait le corps de maman.

Mais pourquoi des palmiers ? Pour une femme née au milieu des plaines les plus fertiles de la Tunisie, c'est vraiment un mystère.

Je rejoins mes frères et sœurs réunis au complet dans la salle d'attente.

— Elle est tombée dans le coma à l'aube, explique à mon intention Jamila, l'aînée des filles. Nous nous sommes dit qu'il fallait que tu la voies avant… Elle risque de partir d'une minute à l'autre.

Je n'ai pas le temps de poser de questions. Ma belle-sœur Soraya vient d'entrer dans le tintement de ses *khoulkhals*[1] et j'ai soudain l'impression que mon village s'engouffre derrière elle, que des pans de prairies se déversent dans les couloirs de l'hôpital !

Apparemment, l'épouse de mon frère aîné était présente ce matin quand maman a perdu connaissance. Mais elle ne semble pas disposée à en parler, occupée qu'elle est à injurier Tunis, cette ville repère-de-brigands-et-de-fous, peste-t-elle. Et cette circulation ! À peine descendue de la voiture qu'un attroupement s'était formé. Tout le monde l'avait regardée comme si elle était une *djennia*[2] ! Le tissu de sa mélia s'était coincé dans la porte du fichu taxi qui l'avait déposée et elle n'avait pas pu se retenir d'invoquer le nom des saints inconnus de ces ignares de citadins ! Des morveux s'étaient approchés d'elle pour faire sonner ses boucles d'oreilles grandes comme des cerceaux : « Ils ont cru que j'étais une légende ! » Elle les avait chassés avec les pans de sa mélia. Quelqu'un avait eu le culot de s'esclaffer sur son passage : « Ce genre d'accoutrement ne s'est pas vu depuis l'époque du Bey. » Tu parles ! Le Bey, Soraya le connaissait mieux que cet âne !

Sur ce, ma belle-sœur se dirige vers la chambre de maman et nous la suivons tous, comme aimantés. Elle se plie pour effleurer son front. Lui chuchote quelques mots à l'oreille et fourre une amulette sous son oreiller. Puis elle sort et toute la fratrie lui emboîte le pas.

Dans la salle d'attente, Soraya prend un malin plaisir à nous ignorer, poursuivant son réquisitoire contre la capitale. Le quartier où elle a grandi a disparu. Les immeubles se sont couverts de crasse et les rues de barbes. Elle bénit le ciel d'avoir pu fausser compagnie à ces « singes des villes », comme dirait sa belle-mère chez qui, heureusement, elle s'était réfugiée vite fait hier au soir. Elle était arrivée essoufflée et sur les nerfs, comme aujourd'hui. Avait bu un grand verre d'eau avant de s'asseoir pour bavarder. Et voilà que

1. Anneaux de pieds.
2. Féminin de djinn.

Lalla[1] tombe dans le coma ! C'est quoi, le coma, d'ailleurs ? Soraya est sûre que l'état de sa belle-mère n'a rien à voir avec la maladie :

— C'est lié à sa vie.

Spontanément, j'interroge :

— Sa vie ? Dans quel sens ?

Elle me jette un drôle de regard et se retourne vers son mari, arrivé à l'instant d'Ebba. Il faut qu'il l'accompagne jusqu'aux escaliers, l'ascenseur lui donne le vertige.

En passant devant moi, elle laisse tomber :

— Toi, la fille de France, je vois que tu as oublié *nos* coutumes. On ne pose pas de questions sur les anciens et on ne revient pas sur la vie des morts.

— La garce ! Elle a déjà enterré maman ! fulmine Souad.

Le téléphone arabe a si bien fonctionné que la quasi-totalité de nos connaissances sur place ont débarqué le soir même à l'hôpital. Vingt-quatre heures plus tard, c'est le tour des ruraux arrivés aux portes de Tunis en voiture de louage ou dans des minibus estampillés de la mention « Nord-Ouest ». Les riverains s'arrêtent pour voir défiler nos oncles et cousins de la campagne vêtus de manteaux à capuches et à manches courtes qui leur valent d'office le surnom de « Kangourous ». Les femmes glissent derrière sans bruit, le corps dissimulé sous le *safsari*[2], le regard au sol.

La curiosité des riverains monte d'un cran lorsque, au troisième jour, débarque une deuxième branche de la famille. Première nouvelle ! Je ne savais pas que nous étions apparentés aux Bédouins du désert. Je constate seulement la forte ressemblance de ces gens du Sud avec les nomades qui élisaient domicile chez nous durant

1. Nom donné aux femmes de rang supérieur ou plus âgées, mais aussi aux belles-mères dans certaines régions de Tunisie.

2. Voile blanc couvrant la tête et le corps, répandu en Tunisie et en Algérie.

la saison des récoltes et repartaient avant l'hiver, en même temps que les cigognes. Leur accent et leurs manières me ravissaient à l'époque, bien qu'ils fussent aussi discrets que ma mère sur leur parcours.

À la surprise générale, ils viennent d'échouer à dos d'âne. Le sable des sabots ne s'est pas encore tassé que la rumeur court dans le quartier : la municipalité aurait installé un cirque au pied du dispensaire, avec ses spectacles de déguisements et de bêtes sauvages ! Les nomades ne prêtent pas attention aux rumeurs de la ville. Ils mettent pied à terre et s'affairent à attacher leurs bêtes. Ils rajustent leurs turbans, comme jadis les compagnons du Prophète, marchent sur l'hôpital, se font avaler par les portes coulissantes et restent bloqués dedans. Ils s'en extraient avec l'aide d'un visiteur charitable, débouchent dans le couloir, pâles, les chèches défaits mais la stature raide et le regard insaisissable. Leurs « maisons » les suivent au pas, se bloquent comme eux, se dégagent, silhouettes engoncées sous des voiles pourpres et épais comme des rideaux de théâtre.

Les plus vieux sont transportés dans des chariots jusque dans la chambre de la patiente, certains perdent connaissance et se retrouvent dans le même service de réanimation, couchés à deux pas de maman, priant pour ne pas partir avec elle. Leurs prénoms et leur allure surprennent le personnel, en dépit de la présence de Soraya, qui leur a pourtant donné un avant-goût de la province et servi une part de dépaysement. Les blouses blanches se figent devant ces ruraux en burnous et en djebba garnis de plastrons, coiffés de calottes surmontées de minuscules pompons, et chaussés de babouches à la pointe recourbée qui semblent sorties des *Mille et Une Nuits*. Nous ne pouvons nous empêcher de nous esclaffer, mes sœurs et moi, devant l'étonnement des jeunes pousses hospitalières et la stupeur des enfants qui détalent à leur vue :

— Ce n'est pas bien de se moquer de vos cousins du Sud, tance l'une de nos tantes d'Ebba, vêtue d'une mélia violette. C'est chez eux que votre oncle Habib a trouvé refuge.

— Qui est Habib ? interroge Souad en quittant son portable.
— Le frère de votre maman, voyons.
— Maman avait un frère qui s'appelait Habib ?
— Puisque je vous le dis.
— Et personne n'en parlait ? Pourquoi ?
— Est-ce que je sais, moi ? !
Et la tante de cacher sa bouche avec un pan de son foulard pour ne plus piper mot.

Souad est la plus interloquée de nous toutes. Il est vrai que maman avait une fratrie si nombreuse qu'il fallait se mettre à plusieurs pour la compter, mais d'ici à croire qu'elle dissimulait l'existence d'un frère ! Et puis, pour quelle raison cet Habib se serait-il réfugié chez les gens du désert ?

Soraya ne bronche pas. Elle aurait pu nous être d'un grand secours, pourtant, elle qui s'est appliquée durant quatre décennies à ressembler en tout à sa belle-mère et se targuait de la connaître « comme elle-même ». D'aucuns savent que l'épouse de mon frère aîné a refusé de retourner dans son Tunis natal, s'employant à marcher dans les traces de maman, qu'elle appelle « Lalla » à la manière des domestiques. D'ailleurs, quand Soraya, repassant la porte coulissante de l'hôpital, coince à son tour sa mélia, je souris malgré moi au souvenir des premières années de ma mère dans la capitale.

À l'époque, maman n'était pas complètement aveugle et pouvait encore mettre un pied devant l'autre. Chaque fois que je rentrais de Paris, je l'emmenais faire une promenade dans le centre-ville de Tunis, et c'était la ruée ! Une foule ravie l'entourait. Les bourgeois se penchaient sur elle avec la vénération due aux dépouilles des ancêtres. Les intellectuels attablés aux terrasses de l'avenue Bourguiba la considéraient en songeant que de tels vestiges de l'Histoire ne figuraient plus que dans les livres des ethnologues européens ! Maman avançait droite comme les reines berbères, indifférente à la curiosité que soulevaient les pans de son costume traditionnel. Seul pouvait l'agacer le flash d'un appareil photo qu'elle croyait muni de l'œil du Diable. Elle était persuadée que, non content de la scruter, il pourrait lui subtiliser ce qui lui restait de sa vue, voire davantage, un morceau de son âme. Elle ne s'est laissé faire que lorsqu'elle était devenue aveugle. Le bruit du clic lui révélait alors que l'on était en train de s'en prendre à son être sans qu'elle puisse réagir, tel un manchot impuissant à empêcher la main d'un voleur de se glisser dans sa poche. Pour le reste, maman fendait la foule sans un commentaire ni une protestation, on ne lui avait pas appris à parler en public.

Mes sœurs et moi la sortions aussi en voiture, et il arrivait qu'on nous offre une place de parking parce que le gardien avait été subjugué par sa prestance, ou que nous échappions à une contravention parce que l'agent de police avait entraperçu sa tête enserrée dans cinq fichus superposés, lui rappelant sa grand-mère morte et enterrée depuis des lustres.

Une fois, nous avons réussi à décrocher un week-end gratuit dans un cinq-étoiles à la seule condition que nous acceptions d'installer notre génitrice chaque matin au bord de la piscine, où elle a servi de distraction aux Allemands et aux Italiens. Les touristes se courbaient vers elle en ôtant leurs Ray-Ban, leurs cornets de glace dégoulinant sur son étoffe en soie. Heureusement qu'elle ne voyait plus très bien à cette époque-là. La lumière des flashes lui aurait donné l'impression de se vider jusqu'à la dernière goutte de sa substance, et la vue de ces hommes et femmes se dandinant autour d'elle torse nu ou en string l'aurait achevée.

Parfois, Souad et moi l'emmenions faire un tour dans la banlieue nord de Tunis. Elle, en babouches et mélia, nous en jeans et tee-shirt. Elle marchait de plus en plus lentement et nous nous efforcions de garder son rythme. Il se trouvait toujours le même homme, un grand moustachu à la peau rousse, qui descendait d'une calèche pour touristes, hissait maman comme s'il s'agissait d'une mariée, la plaçait sur la banquette arrière, fouettait vigoureusement le cheval en criant à la foule des badauds : « Éloignez-vous ! Laissez passer l'Impératrice ! » Nous courions à petites foulées derrière le convoi en entendant ma mère supplier : « Doucement, sur la vie de mon père ! — De votre père ou du mien ? » interrogeait le colosse en éclatant d'un rire qui découvrait une dentition de félin.

Nous arrivions essoufflées, et la trouvions déjà assise, altière, un verre de thé à la main, son cocher occupé à chasser les mouches autour d'elle avec un éventail en osier piqué de paons royaux. Elle demandait : « C'est quoi ce bruit ? » Et lui de répondre : « C'est la mer, ma reine. Elle chante la beauté des sirènes qui portent des couronnes comme toi. » Maman hochait la tête puis se tournait du côté du bruit, comme pour voir la mer…

Chaque fois que j'entre dans sa chambre, je m'empresse de couvrir sa tête d'un bonnet en plastique ou d'une écharpe, lui murmurant comme une berceuse : « Ne t'inquiète pas, maman, personne ne découvrira tes cheveux. Je suis là pour y veiller. » C'est ma prière à moi, afin que maman sache qu'elle n'est pas morte encore, ni livrée aux regards étrangers, ce qui revient au même. Pour le reste, je n'ose pas la contempler. Et, alors même que l'idée de connaître enfin sa vie me taraude, celle de lever le drap sur son corps s'éloigne peu à peu.

Dans le couloir, réside une même file de visiteurs qui attendent d'entrer à leur tour et dont le nombre n'a cessé d'augmenter, au grand dam du médecin-chef qui se plaint d'une « tempête de sauterelles ». « Ces ruraux ne savent pas ce qu'est une montre, maugrée-t-il, ni qu'ils doivent respecter le calme requis en ces lieux. Ils ignorent les horaires des visites et les règlements ! Ils crachent en plus de la chique marron sur le blanc des murs ! » Le personnel est obligé de jouer des coudes pour se frayer un passage entre les burnous égarés dans les salles d'opération. Ça discute dans les couloirs, les enfants crient, les femmes gloussent et on a l'impression que l'endroit, dévolu jadis à la souffrance et à la maladie, est devenu le cœur vivant du quartier.

Petit à petit, les conversations des citadines ont dévié sur la pluie et le beau temps. Les gâteaux et les thermos de thé rapportés dans les couffins circulent. L'on se raconte sa vie de couple, les enfants, les faits divers, les dernières blagues qui font résonner les rires au milieu de l'« agonie de maman », comme dirait ma sœur aînée, Jamila.

Mes vieilles tantes du village ne disent mot, quant à elles. Et il serait inutile d'espérer obtenir leur point de vue sur quoi que ce soit. On ne leur a pas appris à s'exprimer en dehors de chez elles, encore moins à dévoiler leur vie sous d'autres cieux. Elles se tiennent immobiles comme sous une cloche de verre, les mains sur les genoux, les foulards bien serrés, le tatouage à moitié dissimulé. Elles ressemblent en tout à ma mère. Fascinées par les pantalons et les jupes courtes des demoiselles de Tunis, elles s'abîment dans l'échancrure des décolletés et suivent l'ombre des faux cils aussi fournis que les poils de leurs balais. Elles scrutent la peau des visages tendue comme un tambour, le grain si fin, comme si ces jeunes citadines avaient l'air d'exister pour de faux ! Et puis, ces femelles des temps modernes ont la taille aussi menue qu'un dé à coudre et le bassin plus étroit que le goulot d'une bouteille. Quel vent assez fort pourrait souffler dans leurs entrailles et y aménager une place pour un bébé ? Et cette façon qu'elles ont de rire sans mettre la main devant leur bouche et de marcher à grandes foulées, quand elles ne grimpent pas quatre à quatre les escaliers ! Mes tantes du pays songent bien sûr à leur progéniture mâle. Mais elles hésitent à profiter de leur passage dans la capitale pour monter quelque projet de mariage. Le mieux ne serait-il pas de se fournir dans le cheptel féminin d'Ebba ? Ces petites campagnardes qui savent garder la bouche fermée, baisser les yeux devant l'homme et ne pas contredire la belle-mère ; qui se nourrissent de plantes à même la terre et boivent l'huile par gorgées ; qui exhalent l'air pur des plaines et aiment s'asseoir sur leur séant pour en augmenter le volume, car plus celui-ci sera important, plus leur dot sera conséquente.

J'ai décliné la proposition d'aller habiter chez mes sœurs, préférant m'installer dans l'appartement de maman. Je dors dans son lit et je me fais servir par sa bonne Naïma, une orpheline affectée à son service depuis vingt ans et qu'on entend rarement parler. Personne, du reste, n'aurait eu l'idée de converser avec elle. Naïma vit à l'ombre de sa maîtresse, effacée et muette, passant rarement le seuil de la maison. Elle n'a jamais réclamé une garantie d'avenir ni lorgné un homme, alors même qu'elle a passé la quarantaine. Semble avoir adapté son temps à celui de maman, s'être coupé un destin dans ses mélias, qu'elle plie, replie depuis des années et remet dans les valises, comme si elles étaient constamment sur le départ.

Je m'abîme à observer ses gestes à défaut de solliciter sa parole. Elle bouge avec une étonnante lenteur. Comme prisonnière d'une bulle invisible. Elle a quelque chose des fantômes. La sonnerie du téléphone la fait sursauter et mon regard la désarçonne. Je me demande comment elle fera lorsque ma mère viendra à mourir. Elle a dû lui laisser croire que sa vie dépendait de la sienne et que, elle disparue, son existence tombera en poussière. Une chose est sûre, la proximité physique avec maman a imprimé ses expressions. Naïma a un air de famille plus marqué que nous, on dirait qu'elle a habité notre enfance et que la vraie fille de ma mère, c'est elle. Je m'en étonne vraiment.

Je repense aux propos de ma belle-sœur sur le coma de maman. Soraya a laissé entendre qu'il n'avait rien à voir avec la maladie. Pourquoi ? Dans quel sens ? Je me répète sa phrase et prends définitivement conscience que je n'en sais pas plus sur la vie de ma mère que sur son corps. Rien sur ses sentiments. Nulle allusion ou détours sur son enfance ou sa relation avec son mari. Je doute que mes frères et sœurs la connaissent davantage. Nous ne disposons à son sujet que de nos propres souvenirs et de bribes d'histoires transmises par ouï-dire, comme l'histoire de ses cheveux. Naguère, j'avais l'impression de voir le mystère se faufiler dans ses pas et courir sur la trame de son existence aux motifs en apparence réguliers. Mais je n'ai jamais pu tirer d'elle la moindre confidence, loin de là. Je l'ai déjà dit.

Parmi ces visiteuses qui affluent de partout à son chevet, il s'en trouverait bien quelques-unes qui l'ont connue et qui accepteraient d'en parler. Je ne songe pas aux hommes, bien évidemment. Maman n'en rencontrait pas, hormis ceux de la famille. La coutume voulait que les mâles restent à l'extérieur du monde des femmes, ce qui faisait dire à ma mère : « À défaut d'hériter de nos secrets, les hommes héritent de notre mort, puisqu'il leur revient de marcher seuls derrière notre cercueil. »

Au cinquième jour des visites, je tombe à nouveau sur ma tante à la mélia violette, celle qui a parlé d'un certain frère de maman. Je m'apprête à l'interroger quand elle me lance :

— Alors, fille de Akri[1] ! Raconte-nous la France.

Tout à coup, je me retrouve entourée par une dizaine de villageoises qui se décident, enfin, à quitter leur pose de statue. À l'évidence, je représente pour elles, davantage que les citadines, le clou du spectacle et la curiosité les pousse à sortir de leur mutisme. Non pas que j'aie des allures plus bizarres que mes sœurs, mais, à leurs yeux, je viens d'un autre monde, pour ne pas dire d'une autre planète. Je vis en France. Elles m'investissent de l'aura de l'Étrange

1. Nom à connotation positive désignant la France du temps de la colonisation.

qu'elles s'attendent à voir sortir de mon sac à main, si cela se trouve, ou glisser dans les mots en français qui s'échappent involontairement de ma bouche et que je ravale très vite, comme une amante s'empresse de cacher une preuve d'adultère.

Quelques-unes s'approchent pour humer mes habits. Je ne m'en offusque pas. Elles ne veulent pas des idées d'Occident qui emplissent ma tête, le parfum mystérieux des Infidèles les attire davantage. Elles ont dû entendre dire que mon mari est français. Je devine leur stupéfaction. Et j'en conclus que j'ai très peu de chance de gagner leur confiance pour les faire parler de maman.

Je m'en sors avec une pirouette, répondant que ce n'est pas l'heure de s'occuper de moi. Et je m'éloigne prestement.

Du couloir, j'observe la configuration des lieux. L'hôpital s'est transformé en théâtre. Le personnage principal, ma mère, est installé dans les coulisses, tandis que le public a déjà pris place de part et d'autre de la scène, les tribus du Nord observant de biais les tribus du Sud, lesquelles regardent en chiens de faïence les gens de la ville qui, eux, sont persuadés d'avoir droit aux loges supérieures.

Après l'hôpital, nous avons pris l'habitude, Souad et moi, de rentrer en taxi à l'appartement de maman. Nous passons un peu de temps à bavarder avant que son mari ne passe la chercher. Sur le pas de la porte, nous nous disons au revoir en nous serrant la main. Son époux sourit. La bonne n'est pas choquée par le comportement de ces sœurs qui ne s'embrassent jamais. Tout le monde est au courant de notre aversion pour les baisers. Nous tenons cet héritage de ma mère. Chez elle, l'on fait usage public de la bouche pour parler ou mastiquer, pas pour autre chose. Les femmes de sa tribu ne touchent les hommes d'aucune manière, et vice versa. Les mâles s'effleurent les épaules, les femmes les mains, les garçons glissent les doigts dans la paume de leur papa, les filles sont censées n'avoir jamais entendu parler du baiser. C'est seulement à Tunis que maman a su que les embrassades comptaient parmi les usages citadins les plus répandus. Elle a refusé de se laisser faire, menaçant de frapper quiconque s'approcherait d'elle dans cette intention. Nous avons appris à faire barrage devant ses visiteuses en feignant d'arranger un pli de sa mélia, ou de resserrer son foulard. Si, par mégarde, une Tunisoise réussissait à lui poser un baiser sur la joue, elle devenait pâle comme un linge et tout son corps se raidissait. Nous le savions, quant à nous : c'était le signe de l'humiliation que lui imposait la vieillesse et la preuve de sa fin prochaine.

— Regarde. Papa et maman posent comme de jeunes mariés, me dit Souad en désignant la photo posée sur la télévision.

Papa se fend d'un grand sourire. Maman a les sourcils froncés, le regard réfractaire.

— Crois-tu qu'elle l'aimait ?

Souad se tourne vers moi, étonnée. C'est la première fois que l'un d'entre nous pose une question à ce sujet. Elle répond toutefois :

— Je ne pense pas.

Et après un silence :

— Et toi ?

Il me faut chercher dans ma mémoire. Je suis partie à douze ans au pensionnat, puis à l'université et je garde peu de souvenirs de leur vie de couple. Je me rappelle cependant que, petite, j'entendais mon père prononcer en dormant le nom de sa femme, suivi de soupirs qui avaient tout de la supplique amoureuse. Maman semblait rompue au silence, pour sa part, même dans ses rêves. Elle éludait le prénom de son époux pour le héler avec la sempiternelle formule : « Toi, l'homme ! » et, devant son entourage, avec un « Maître de ma maison » des plus officiels, usant à notre adresse de « votre père ». « Allez dire à votre père qu'il manque du café », « Allez chercher votre père pour le déjeuner ». Nous courions sur la place du village. Papa était là, installé devant une échoppe ou sur une marche de la mosquée, la chéchia de biais, une cigarette ou le

Coran dans les mains. Il se levait, crachait par terre et se mettait en marche en balançant son petit couffin rempli de médicaments. Une fois arrivé, il s'asseyait sur une natte devant la table basse, sa femme le servait sans un mot, mais elle ne partageait jamais son repas. Elle se penchait sur ses épaules, tenait le broc d'eau pour qu'il se lave les mains, paraissait plus grande et plus puissante que lui.

Je n'en saurais rien de plus.

Mais Souad est persuadée que maman n'aimait pas son mari. Pour preuve, elle ne lui adressait jamais un mot gentil, refusait qu'il la touche devant ses enfants et le tançait dès qu'il s'approchait d'elle : « Éloigne-toi, tu n'as pas honte ! »

Je réponds que c'était la position officielle à laquelle elle s'astreignait, pas plus. Père, en revanche, ne parvenait pas toujours à cacher son bonheur de retrouver sa femme. C'est vrai. Il se mettait à l'observer aller et venir dans le patio, attendant probablement le jour où elle s'arrêterait de bouger, de coudre, de filer la laine, de faire du vent avec sa mélia comme si le rafraîchissement des cieux en dépendait, de cuire du pain comme pour pourvoir aux besoins de l'humanité entière ! Il aurait sans doute aimé que son genou effleure le sien, qu'elle ne le fuie pas, qu'elle se pose à côté de lui, tout simplement, et cale sa respiration sur la sienne.

— Cela ne nous éclaire pas davantage sur ses sentiments à elle, commente Souad, avant de renchérir :

— Une femme qui ne pleure même pas son mari à sa mort ! Tu appelles ça de l'amour ?

Dois-je reconnaître que la disparition de papa n'a pas réussi à entrouvrir les lèvres maternelles sur un hommage ou des compliments posthumes. Maman avait vu partir le cercueil sans cris ni lamentations. Et c'est parce qu'elle n'aimait pas son époux, soutient Souad, que mère n'est pas allée une seule fois sur sa tombe les mois et les années qui ont suivi son décès, ni plus tard réclamé de retourner à Ebba pour se recueillir. Lorsque l'un de ses enfants osait lui demander si son mari lui manquait, elle déversait sur lui une litanie de méchancetés, sans en donner la raison, jamais.

Ces méchancetés servaient peut-être à cacher son désarroi, dis-je sans conviction. Maman n'insultait son homme que pour ne pas le pleurer. Ne l'accablait que pour desserrer l'étau qui étreignait son cœur où il aurait probablement pris trop de place. Nous n'avons donc pas le droit de tirer des conclusions hâtives.

Souad allume une cigarette, referme son briquet habillé d'un étui d'argent et me regarde, sceptique. Elle a la preuve de ce qu'elle dit. Ces derniers temps, par exemple, ma mère s'était mise à prononcer des noms. Et pas celui de son époux. Mais ceux de Béchir et d'Aljia. Souad ne peut s'expliquer pourquoi ceux-là, et non celui de mon père. Nous n'avons jamais connu Aljia, la deuxième épouse de notre grand-père maternel, que maman traitait de sorcière. Quant à oncle Béchir, le frère jumeau de papa, il était de notoriété publique que maman le détestait et que, lorsqu'il vivait encore, elle nous interdisait de nous approcher de sa maison.

— Et puis, il y a l'histoire de Stoufa.

— Quelle histoire ?

— Je te raconterai demain, a dit Souad en se levant pour ouvrir à son mari venu la chercher.

Le lendemain, Souad s'exécute.

Il y a un an, raconte-t-elle, tout le monde désespérait de maintenir maman en vie. Elle ne desserrait plus les paupières et ses jambes refusaient de la porter. Soudain, le miracle ! Un beau matin, elle a poussé ses couvertures et posé un pied par terre. Naïma n'a pas pu s'empêcher d'alerter tout le monde par téléphone : « Lalla fait ses premiers pas ! »

Et la tribu des descendants a débarqué dans l'heure qui suivait.

Maman tenait debout pour une raison toute simple : d'après Souad, elle était amoureuse. Et de qui ? De son gardien d'immeuble.

Stoufa de son prénom. Il venait de forcer la porte de son cœur et s'y installait avec ses gros sabots. Une drôle de passion qu'elle allait afficher sans crainte ni pudeur, comme affranchie de sa condition par l'âge et la cécité. Les médecins n'en étaient pas revenus.

Stoufa est ce que la nature a fait de plus disgracieux, je le connais également. Mais qu'importe. Maman ne voyait ni ses yeux injectés de sang ni son crâne en forme de pastèque sauvage. Elle ne savait pas qu'il manque à ce ouistiti, outre la distinction des manières, les dents de devant. Elle s'en fichait, elle était aveugle. Elle l'aimait, c'est tout. À son âge, se disait Souad, c'était un cadeau du ciel. Le dernier roulement de tambour d'une existence sur le point de sombrer dans le silence des cimetières. Il ne servait à rien de la contrarier, c'était son premier homme, comme Adam le fut pour Ève. Maman affirmait que le quinquagénaire venait du même bourg qu'elle, il se pourrait qu'il fût son beau-frère Amor, disparu après la Deuxième Guerre mondiale sans laisser de traces. Ah bon ! Pour accréditer ses propos, elle détournait les liens du sang, invoquait des alliances tribales, couchait les dépouilles de ses ancêtres tout près des aïeux de son aimé, dont elle prononçait le nom sur le ton de l'adulation réservée aux saints de son village.

Stoufa en rajoutait. Il lui jurait qu'il était bel et bien son beau-frère disparu, ou son cousin, c'était préférable, et que leurs parents avaient conçu le projet de les unir alors qu'ils étaient encore dans le ventre de leurs mères. Il l'entretenait de la pluie et du beau temps, du cours de l'orge et du prix de l'agneau de lait. Il l'assurait de sa protection, les voleurs qui rôdaient ne pourraient rien contre son gourdin ! Maman écoutait, ses traits s'égayaient et son corps se détendait. Souad était fascinée. Elle avait organisé une collecte auprès des sœurs pour les émoluments de Stoufa. Noura avait offert dix dinars par mois et exigé en riant que l'homme joue avec conviction le rôle de l'amant. Jamila avait rechigné à payer. Je fus mise à contribution, sans connaître le vrai motif, le jour où elles me demandèrent d'envoyer par colis un téléphone portable. L'homme devait être joignable à toute heure du jour et de la nuit. En réalité, maman réglait sa vie sur ses visites et refusait de manger tant qu'il ne partageait pas ses repas. Il débarquait, le sourire perfide et le regard victorieux. C'est alors seulement qu'elle acceptait de se laisser nourrir. De sourire. Parfois même de fredonner.

Mes sœurs assistaient, médusées, à cette transformation. Il ne leur fut jamais donné de voir maman amoureuse, encore moins de supposer qu'elle pouvait aimer. Souad se délectait d'un roman de gare dont le gardien d'immeuble était le chevalier et sa mère la dame.

N'empêche, depuis que Stoufa avait débarqué dans sa vie, maman revivait, remarchait et riait. Elle acceptait ses piqûres contre le diabète et se laissait prendre la tension. Elle ne rechignait plus à entendre vanter les progrès de la science et le miracle des médicaments. Allait jusqu'à décréter un moratoire sur les ventouses, les sangsues, la corète et le thym, les huiles où nagent le laurier et la feuille de sauge, la chair de caméléons réduite en poudre.

Elle voulait se faire belle, réclamait qu'on lui teigne de henné les mains et les pieds, qu'on fasse piler du *harkous*[1] pour lui dessiner les sourcils en demi-lune, et qu'on lui achète de l'écorce de noyer séchée, il fallait qu'elle en frotte son dentier pour se rafraîchir l'haleine. Elle exigeait qu'on l'habille de ses plus belles mélias, qu'on l'affuble de tous ses bijoux et, chaque jour que Dieu fait, elle attendait son « fiancé » comme elle l'appelait, aussi parée et maquillée qu'une mariée, persuadée de convoler la nuit même.

Elle commençait à avoir des réactions d'adolescente et des caprices de jeune première. Exigeait de se faire renseigner sur ce qu'il en était de sa beauté, via les yeux de ses visiteuses. S'aventurait à esquisser les premiers gestes tendres que mes sœurs ne lui avaient jamais connus : elle caressait longuement la main de Stoufa.

1. Encre à base de noix de galle et de clous de girofle destinée à la coloration des sourcils et aux tatouages éphémères sur la peau.

L'homme paraissait gêné, il rougissait et bégayait, mes sœurs détournaient le regard, puis s'éloignaient avec le sentiment que leur mère s'encanaillait.

Souad avait pris l'initiative de séjourner quelques jours chez elle afin d'observer son comportement au plus près et d'en référer au reste de la fratrie. Elle a confirmé son diagnostic à nos deux aînées : maman était folle amoureuse. Et la question était : fallait-il mettre un terme à son idylle ou l'encourager ? La juguler par quelque remède ou l'introduire dans son programme de fin de vie comme un palliatif nécessaire ? Il convenait d'informer notre frère Raouf de sa passion au risque de le choquer.

— Maman souffre de…

— Du diabète et des yeux, je le sais.

— Je veux parler d'autre chose.

— Rien de grave, j'espère…

— C'est une autre maladie.

Mon frère avait pâli.

— La maladie d'amour.

— Tu plaisantes ? !

— Non. Si ta mère tient encore, c'est grâce aux sentiments.

Raouf s'était tu un instant puis, devant le sérieux avec lequel Souad venait de livrer son diagnostic, il avait interrogé :

— Et qui est le… ?

— Le gardien de l'immeuble.

Le fils préféré de maman n'avait pas jugé bon de commenter. La requête de Souad fut entendue. Il en coûterait ce qu'il en coûterait, il réglerait la dépense. Il achèterait à sa mère les faveurs d'un amant, fût-ce au grand scandale de sa lignée. N'aurait-elle pas couru à son secours au péril de sa personne ? N'aurait-elle pas invoqué les saints de la planète et incendié la plaine de ses fumigations s'il avait fallu sauver son garçon de l'exil ou de la maladie ?

Hormis Raouf, nos trois frères doutaient de la version de Souad. Jamila se contentait de fustiger le comportement de maman. La benjamine répliquait que personne ne perdait rien à essayer, Stoufa n'allait pas abuser d'elle, ni de son argent, sa bonne veillait au grain et bénéficiait de toute notre confiance. Ne valait-il pas mieux payer, même chèrement, un homme pour notre mère que de brader sa vie ?

C'est ainsi qu'était venu s'ajouter au prix de ses soins et au salaire de sa domestique un budget destiné à soigner son mal d'amour. Ce qui n'avait pas empêché Stoufa de menacer régulièrement de partir, Souad et Raouf de le supplier de rester, craignant que le « divorce » n'achève maman.

Il arrivait à Souad de débarquer par surprise dans l'appartement. Elle découvrait Stoufa assis sur un coin du lit, occupé à lui masser les pieds :

— Vas-y, mon âme, monte encore.

C'est maman qui parlait ! Stoufa faisait semblant de n'avoir pas entendu. Maman insistait, planquée derrière sa cécité, se persuadant d'être seule au monde avec son amoureux :

— Je te dis de monter plus haut ! Encore, là, là.

Il s'aventurait jusqu'aux chevilles, effleurait de ses gros doigts la peau blanche.

— Caresse, caresse, mon amour !

Les yeux de maman s'animaient, comme s'ils voyaient soudain par le miracle du plaisir.

Souad quittait la chambre sur la pointe des pieds.

Elle devinait que Stoufa hésitait et entendait notre mère s'insurger :

— Espèce de puceau ! N'as-tu donc jamais aimé une femme de ta vie ? Vas-y, ne t'arrête pas !

Il murmurait :

— Nous ne sommes pas seuls.

— Et alors ? !

Il essayait de détourner son attention :

— Cette année, la récolte s'annonce bonne…

Elle coupait :

— Tu parles, tu parles, au lieu de m'embrasser, de m'enduire d'onguents, de me baiser !

Plus que de la supposer aux prises avec l'amour, c'était d'entendre notre mère l'exprimer qui stupéfiait ma sœur. Comment maman connaissait-elle les mots du désir ? Les inventait-elle par la grâce d'une passion qui la sortait de sa réserve comme l'eau du lit des rivières ? Faisaient-ils partie d'un répertoire qu'elle cachait jadis sous l'oreiller conjugal ? Mais alors, elle aurait aimé papa ? Ou quelqu'un d'autre ? ! Avait-elle attendu la vieillesse et la cécité pour donner libre cours à la passion, comme les voleurs attendent la nuit pour agir en toute impunité ?

Je pense par-devers moi : il aura fallu que maman soit proche de la mort pour que ses enfants découvrent qu'elle a un sexe et qu'elle peut désirer. Et, comme par hasard, au moment précis où son corps se dérobe, réduit à un champ de ruines qui s'obstine à tenir debout, au murmure ténu d'une source que l'émoi dispute à l'oubli.

Au septième jour, les Bédouines du Sud, imitant celles de Nord, ont desserré leur *khama*[1] sur la bouche et ont parlé. De ma mère ? Pas du tout. Ces coquines s'exerçaient à découvrir leur voix en public et à s'exprimer en présence des hommes. Je me demande si le départ annoncé de maman ne préfigurerait pas la fin des temps anciens… Leur langage a jailli comme une source au débit rouillé. Il était si rugueux et décalé que certains gamins ont déguerpi en l'entendant. Ces mômes de la ville ne comprenaient pas un traître mot des locutions en « gua », ni de ces expressions trop imagées pour désigner les choses réelles, comme cet « œil de gazelle » pour un vulgaire féculent ou ce « sultan des fruits » pour d'épineuses figues de barbarie. Et ne parlons pas de ces phrases en forme de proverbes à rallonges.

1. Morceau de tissu posé sous les yeux, dissimulant le nez et la bouche.

Je me suis rappelé mes efforts chaque fois que je venais voir maman accompagnée de mon fils et de ma fille, tous deux Français pour moitié. Je m'employais à traduire les mots arabes qu'elle daignait prononcer à leur adresse. Je m'arrêtais par moments, afin d'opérer un tri dans les temps et dans les langues. Consciente de la complexité de la tâche, je me disais que chacun des vocables maternels dessinait sans doute un passage vers d'autres vies, chaque expression recouvrant des planètes éteintes. Peut-être ses paraboles cachaient-elles dans leur charpente des histoires anciennes. Mais je n'en étais pas toujours sûre. Son langage collait parfaitement au style des contes qu'elle nous narrait jadis. À tel point que je n'imagine pas de langue plus appropriée aux fables que celle de ma mère. Bref, pour en restituer toute la signification et la richesse, il me fallait passer de longs moments avec mes enfants étrangers à cette mémoire arabe qui, eux, s'impatientaient de repartir vers leurs écrans ou leurs manettes de jeux. J'étais contrainte de leur expliquer les mots de leur grand-mère en recourant au français, et c'était comme emprunter la porte de la voisine pour rentrer chez soi. Je désespérais à l'idée qu'en eux se fût éteint l'écho des mondes maternels. Puisqu'il faut croire que les habits de leur grand-mère ne trouvaient pas plus de grâce à leurs yeux que les drapés des statues de musées, ni les sagas de leurs aïeux sarrasins plus de crédibilité que les aventures de Superman. En suis-je réduite à dénicher chez mon fils un petit frisson devant l'histoire de l'Ogre et des Sept Vierges que je tiens de ma mère : « On t'a déjà dit, maman, les ogres, ça n'existe pas, ni les vierges ! » Et je cale sur la réplique. Je ne m'explique pas non plus pourquoi maman semble avoir posé ses valises au milieu de ma vie. Pourquoi ai-je hérité, plus que mes frères et sœurs, de ses contes, et me suis-je assigné la mission de préserver sa mémoire ?

Cela dit, je me délecte personnellement du parler de mes tantes, même si elles ne font pas de révélations sur ma mère. J'écoute leur dialecte et il me semble voir rouler la vallée entre les syllabes. Les cieux d'Ebba foncent sur la capitale dans un bruissement d'ailes invisibles et d'odeur de feuillage. La campagne prend ses aises. Les chambres de l'hôpital se remplissent de coassements de grenouilles et le sortilège gagne peu à peu l'hôpital.

D'ailleurs, depuis que nos parentes du bled se sont mises à papoter, certains malades jurent entendre le chant du coq et voir des antilopes gambader dans les couloirs. Il ne manque plus que d'imputer les guérisons à la baraka des villageoises. Et maman, alors ? Pour elle, rien ne change. Cela fait plus d'une semaine qu'elle est plongée dans le coma, et personne ne sait si elle se réveillera un jour.

En attendant, il est devenu impossible de faire taire mes rurales. Les voilà en train de vanter leur progéniture féminine assise sagement à leurs côtés. Des adolescentes affublées de larges sarouals surmontés de robes de paysannes, parmi lesquelles, il est vrai, figurent de ces beautés étranges et diaphanes qu'on dirait venues d'une autre planète. Suit le dictionnaire des remèdes censés guérir les sanglots coincés dans la gorge, faire redémarrer les ventres en panne et attacher les maris « comme fer au sabot du cheval ». Vient le chapitre des puissances du mal et la panoplie des mixtures destinées à punir les concubines. Les jeunes infirmières qui s'arrêtent pour écouter ces enseignements ont beau réaffirmer que la polygamie a été interdite à l'Indépendance en 1956, et que la magie n'a plus cours, les Bédouines rejettent leur argument d'un revers de la main et n'hésitent pas à attraper les jeunes demoiselles de la ville à qui elles proposent de sceller l'hymen. Notre aînée, Jamila, tente d'intervenir.

— Laisse-les faire, dit Souad en pouffant. Nos tantes croient vivre encore au septième siècle.

— Et toi, tu crois avoir échappé au rituel peut-être ? rétorque Jamila. Détrompe-toi, maman a fait le nécessaire pour nous toutes !

Silence gêné. Non pas que la déclaration de notre sœur aînée nous paraisse mensongère. Au contraire ! Le souvenir, fulgurant, pose devant nos yeux la scène ancienne. C'était hier. Ma mère et son métier à tisser. Ma mère qui nous regarde sans nous regarder. Qui nous plante une aiguille dans le genou. Ouvre la main sur un raisin sec qu'elle trempe dans notre sang et qu'elle nous oblige à avaler. Avant de nous faire faire sept fois le tour du métier à tisser en psalmodiant. La formule censée nous protéger du sexe des hommes resurgit, plus nette dans nos mémoires que les versets du Coran : « Je suis un mur et tu es un fil ! Tu es un fil et je suis un mur ! »

Tout à l'image du rituel dont je fus l'objet enfant, je retiens cependant que Jamila a appris bien des choses sur maman. C'est normal, elle est l'aînée des filles. Et il se pourrait bien que mère ait été plus diserte en sa présence. Sauf que Jamila ne semble avoir gardé en mémoire que le différend qui les oppose depuis plus de cinquante ans. J'y reviendrai.

Les nomades du Sud prennent le relais. Elles regrettent les temps bénis où les oasis figuraient le Paradis sur Terre, avant que Dieu ne démissionne, y compris du suivi des saisons. Le ciel a l'humeur dédaigneuse et la larme sèche, chères sœurs du Nord ! Et nos jeunes sont si désespérés ! Ils ont décidé d'en découdre avec l'État, ce Monsieur qui ne tient pas ses promesses. Nos garçons ne savent plus garder raison. Ils menacent de s'immoler par le feu et de répandre le chaos dans tout le Sud.

— Chut ! !

Mon frère Raouf, qui vient d'entrer, leur a intimé l'ordre de ne pas parler politique. « Les murs ont des oreilles », a-t-il dit.

Elles se fichent de la politique. Ne font que parler de leurs enfants. Et puis, zut ! Mieux vaut revenir au passé, voire renouer des alliances et enterrer les conflits. Venez ! Et voilà les deux branches du Nord et du Sud qui se lèvent dans un nuage de voiles chatoyants, et sillonnent les couloirs bras dessus bras dessous, déterminées à trouver des liens matrimoniaux en dehors de ces tarés de citadins qui se prennent pour les descendants du Prophète. Elles solderont leur séjour en mettant un terme aux discordes claniques dont certaines, à les en croire, dateraient des premiers califes de l'islam.

— C'est comme si Lalla commandait encore au village sur son lit de mort, fait remarquer ma belle-sœur Soraya avec, dans la voix, une pointe d'envie. On dirait qu'elle continue à régler les litiges…

Je saute sur l'occasion :

— Soraya, est-ce que tu savais que ma mère avait un frère du nom de Habib ?

— Oui, bien sûr.

— Et il est où ?

— Dieu seul le sait.

Et la sadique s'en va. Le couloir résonne du tintement de ses anneaux aux pieds, et mon cœur se serre. Je pense tout à coup que maman dort à côté sans ses bijoux. On les lui a retirés avant de l'admettre à l'hôpital. C'est Jamila qui s'en est chargée, m'a-t-on dit. Elle a enduit de savon les mains et les pieds de notre mère, avant de tirer jusqu'à faire saigner sa peau. Noura, notre cadette, en a pleuré. Elle sait comme nous tous que maman ne quittait jamais ses ornements, sauf les jours où elle les mettait en gage pour améliorer sa santé financière. L'on pouvait juger de sa fortune, en effet, aux transactions relatives à ses bracelets et, plus concrètement, au geste d'en ôter ou d'en remettre à son poignet. Les années de bonnes récoltes, les bracelets se superposaient jusqu'à coincer son coude. Puis venaient les saisons de disette, où elle devait en négocier quelques-uns chez Bouhmir, le bijoutier qui habitait sur la place du village avec ses douze enfants, une marmaille qu'on voyait aller et venir sans jamais prononcer un mot : ils étaient tous sourds-muets. Ce qui faisait dire à maman, les fois où elle en avait assez de nos chahuts, qu'elle aurait souhaité épouser le bijoutier plutôt que notre père, il aurait transmis à sa progéniture un héritage plus estimable que l'or… le silence ! Lorsqu'elle était contrainte de se délester d'un bracelet ou deux, elle se courbait sur une petite bassine, l'air sombre et les lèvres scellées. Se savonnait longuement les avant-bras avant de faire chuter l'or dans le récipient, et c'était comme un sanglot après l'autre, tombés de sa poitrine. Ce n'est pas que ma mère adorait les bijoux, mais elle avait appris que seuls les morts s'en allaient sans parure.

Pour la première fois de sa vie, maman s'est donc retrouvée doublement nue. Et c'est comme si, d'un coup, le monde se taisait. J'ai eu la vision précise et nette de la mort. Et j'ai laissé filer Soraya.

Au bout de deux semaines, le flux des visiteurs s'est tari. Nos parents éloignés ont levé le camp, les uns vers le nord, les autres vers le sud. Je n'ai pas pu recueillir une seule information intéressante sur ma mère, ni sur la saga des anciennes tribus.

Quant à Soraya, elle a dit craindre le chaos qui risque de régner à Ebba en raison de son absence prolongée. Souad a souri de sa suffisance.

Je l'ai suppliée quant à moi, dans l'espoir de lui soustraire quelques informations :

— Encore un jour ou deux, Soraya !

En vain.

Nous nous relayons à son chevet. Souad a fermé son cabinet d'expert-comptable et s'est mise en congé. Elle vient quotidiennement à l'hôpital. Nos deux aînées, femmes au foyer, y passent la journée. Je me vois contrainte de rester moi aussi et m'emploie à traiter mes affaires par téléphone avec Paris où j'ai laissé enfants et mari.

Nous nous rendons dans sa chambre chacun à notre tour. Craignant sans doute d'être confrontés ensemble à cet état de « nudité » et d'impuissance auquel elle est réduite. Nous sommes d'autant plus assidues auprès d'elle que le médecin-chef vient de nous recommander de lui parler, alléguant que certains patients sortent du coma grâce à la parole des vivants. Ah, bon ! se sont exclamées mes sœurs. Et les voilà, l'une après l'autre, penchées sur elle, dans de longs monologues, le geste inspiré des sibylles, la larme à l'œil, parfois le sourire. Que disent-elles à maman ? Profitent-elles de son silence pour s'exprimer sans risque d'être grondées, et de son départ prochain pour se délester de quelque secret ? Par un curieux retour des choses, la femme qui a si peu parlé à ses filles, sinon pour leur imposer les consignes de méfiance à l'égard du sexe opposé, ou leur débiter des contes de djinns et de sorcières, est devenue leur confidente. Elle qui, au nom de la pudeur, se refusait à prêter l'oreille aux chagrins de leur cœur et aux manques de leur corps, aura fabriqué au milieu de son coma un coin à l'abri, où mes sœurs viennent déposer leur baluchon de maux et d'épreuves, un vrai défouloir dont elles ne pouvaient rêver ; l'occasion, sûrement, pour Jamila de raconter ses déboires avec son mari dragueur et alcoolique et ses propres efforts pour mériter le paradis d'Allah ; pour Noura le malheur d'avoir engendré sept filles et pas un seul garçon. Souad a ses regrets aussi, dont celui de ne pas avoir choisi la carrière de médecin, ou de subir l'ostracisme de ses collègues tunisois qui la traitent de « Bédouine » par mépris pour la région où elle est née. Une chose est sûre, dans ce huis clos avec maman, s'écrit le roman de mes sœurs dont je ne connaîtrais jamais qu'une infime partie.

À l'opposé, mes frères semblent peu portés sur le monologue. L'un après l'autre, ils viennent s'asseoir à son chevet, les mains croisées, la retenue mâle excluant la parole et l'effusion : « C'est normal, a dit un jour Souad dans son langage savant. Pour un fils, parler à sa mère alors qu'elle est inconsciente, c'est… c'est comme un viol. »

Quand vient mon tour, je fais comme les frères, je ne parle pas à maman. Ni ne sollicite son pardon comme il se devrait. Peut-être parce que je suis celle qui a commis les deux péchés les plus graves à ses yeux : j'ai taillé dans le vif de l'honneur tribal en épousant un étranger et j'ai fait de l'écriture un métier.

Je ne le sais que trop. Alors, je tourne autour de son lit et finis par m'en aller, toujours incapable de la fixer. Je fais les cent pas entre la porte et la fenêtre. Puis je reviens. Ma main caresse les barreaux du lit. Je replace un bol sur le plateau-repas, surveille les zigzags du cardiogramme, relis le tableau des soins sur le mur. Lorsque je me retourne pour lui recouvrir la tête, j'évite le détail, de crainte que mon œil ne soit celui de l'écrivain et non celui de l'enfant qui compatit.

En me croisant sur le seuil, Jamila demande :

— Et toi, alors ? Qu'cst-ce que tu racontes à maman ?

— Rien.

Elle s'esclaffe :

— Pourtant, tu es la mieux désignée pour la sortir du coma. Avec ta vie tellement pleine et palpitante !

Je perçois le sarcasme joint à la jalousie mais ne réponds pas. Car je devine l'envie de Jamila d'en découdre avec notre mère. Il suffirait de gratter pour qu'apparaisse l'amertume, toujours à vif.

Et la voilà, justement, qui geint, une après-midi où nous sommes entre sœurs dans la salle d'attente :

— Regarde ce que vous êtes devenues, Souad et toi. Simplement parce que vous avez eu la chance d'étudier. Travailler, gagner de l'argent et voyager où bon vous semble, c'est ça le bonheur ! Tandis que maman a fait de Noura et moi des prisonnières et des analphabètes comme elle !

Les propos de Jamila ne sont une surprise pour personne. Toute la fratrie connaît sa rancœur, alors que Noura semble l'avoir oubliée, ne mesurant pas ce que les études auraient pu lui apporter. Depuis près d'un demi-siècle, Jamila, elle, refuse de pardonner. Ressassant le drame de ce jour où maman les a retirées toutes les deux de l'école et contraintes à l'enfermement, convaincue qu'il n'existait pas d'autre vocation pour les femmes que le foyer. N'avait-elle pas remisé leur jeunesse derrière des murs à l'âge où les filles d'Ebba prenaient le chemin du savoir ? N'avait-elle pas menotté leurs chevilles aux siennes pour les conduire, le saut entravé, comme les bêtes à l'abattoir ?

— Rappelle-toi le jour où elle a jeté au feu nos tabliers, nos cahiers, nos crayons, nos rêves !

Je n'étais pas encore née, mais Jamila croit légitime de prendre à témoin de son malheur la terre entière. Noura ose :

— Maman n'a pas pu récidiver avec Souad et toi. C'était l'Indépendance et l'école devenait obligatoire.

— Nous avons payé pour vous deux, a renchéri Jamila.

Je ne veux pas enfoncer le fer dans la plaie. Je ne dis pas à mon aînée que, si j'ai voulu mener jusqu'au bout mes études, c'était bien pour prendre une revanche sur leur sort.

— Et pourquoi pensez-vous que nous étions pressées de nous marier, Noura et moi, hein ? Maman s'est plainte de nous voir partir avec des hommes qui ne nous valent pas. Mais c'était pour échapper à sa coupe ! Ne pas périr sous sa dictature.

Je trouve injuste que maman ne puisse pas se défendre et j'aurais donné cher pour la voir se réveiller à cet instant et plaider sa cause ! Mais les faits sont là : Jamila a convolé avec un fonctionnaire démuni. Noura a fait affront à toute la lignée en épousant le fils d'un de nos métayers. L'école nous a soustraites, Souad et moi, aux décisions maternelles aussi implacables que l'ordre du Destin et, si nous nous sommes mariées sans l'aval de personne, ce ne fut pas perçu comme une catastrophe.

Les deux aînées sont arrivées vierges au mariage. J'ai vu le drap taché que palpait ma mère et entendu ses youyous qui avertissaient tout le village. Pour Souad et moi, ce fut une autre histoire. Nous avons convolé loin d'Ebba et tout, insinuait-on, laissait à croire que nous avions contourné les règles. Notre mère n'allait pas envoyer un émissaire vérifier le lit nuptial et revenir avec le sang de nos hymens ! D'aucuns étaient convaincus de l'avoir souvent entendue implorer en ces termes le ciel :

— Maudites soient Souad et Rym qui ont souillé l'honneur de la tribu et contraint nos hommes à marcher tête basse !

Je m'étonne de la propension grandissante de ma sœur à accabler publiquement notre mère à mesure qu'elle la sait condamnée.

Car, deux jours plus tard, la voilà qui laisse tomber :

— Maman avait menacé de nous trancher la gorge si nous nous laissions aller à flirter avec un homme. Et dire que, à la maison, tout trahissait le sexe !

Souad n'a que le temps de lever un sourcil en signe de surprise. Jamila poursuit sur sa lancée :

— Elle avait beau rôle de tirer sur nos robes et de coudre nos membranes. Mais, quand ses frères venaient la nuit rôder autour de nos lits, quand ils nous coinçaient derrière les portes, elle faisait semblant de ne pas voir.

Nous nous regardons, Souad et moi, interloquées. Noura, pour sa part, se réfugie dans l'humour, c'est sa force devant les épreuves de la vie :

— Son frère Mustapha avait le chic de me surprendre chaque fois que je traversais l'oued. Je dois ma survie à la vitesse de mes jambes. D'où ma passion pour les chaussures plates.

— Mais comment un oncle peut-il désirer sa nièce ? s'exclame Souad qui n'en revient pas. C'est incestueux !

— C'est peut-être de famille, réplique Noura sur le même ton désinvolte.

— Arrête de dire des bêtises ! dit Jamila.

Après l'aveu, le repentir. Ma sœur aînée se rétracte et renonce soudain à continuer sur le registre de la récrimination. Pourtant elle a passé le message : non seulement maman l'avait retirée de l'école, mais elle l'avait abandonnée à la merci de ses propres frères ; comme si, devant un certain instinct des hommes, maman laissait jouer insidieusement la fatalité…

Est-ce pour ces deux raisons que mon aînée s'enroule de plus en plus fermement dans son voile jusqu'à donner l'impression de vouloir y disparaître ? Ou est-ce pour un autre motif ?

Je suis définitivement renseignée sur l'état d'esprit de Jamila. Bien qu'elle connaisse maman mieux que nous, elle ne se prêtera plus aux confidences. Elle a été et restera d'abord préoccupée par son propre destin. Et, maintenant qu'elle est devenue plus pieuse qu'un imam, il lui faut obéir au principe religieux qui recommande de « ne pas parler des morts, sauf en bien ».

Et si maman n'est pas encore morte, c'est tout comme.

Rien n'augure une amélioration possible de son état, en effet. Et la fratrie commence à se faire rare. L'aîné, Tahar, est retourné au village où les récoltes de blé approchent. Yacine a pris la direction des mines de phosphate où il travaille comme ingénieur et Toufik a renoué avec le plein temps dans son garage de mécanique. Reste Raouf, avocat à Tunis, mais il n'arrive que le soir, après ses plaidoiries, soit à l'heure où les visites sont censées se terminer. C'est le dernier à quitter maman, après l'avoir bordée et sans jamais oublier de filer quelques billets aux infirmières afin qu'elles soient aux petits soins pour elle.

La journée, nous sommes entre sœurs dans la salle d'attente, avec une seule pièce rapportée, Soraya, qui fait l'aller et retour entre Tunis et Ebba.

Une après-midi, j'en profite pour lancer, volontairement cynique, que la disparition prochaine de maman pose la question de son passé. L'essentiel de sa vie s'est déroulé au village, nous en savons si peu…

Soraya dodeline de la tête pour signifier combien elle a peu d'estime pour moi. Et Jamila ne trouve pas mieux que de répondre sur un ton revêche :

— Essaie de te rappeler, toi. Mais je doute fort que la France t'ait laissé une mémoire.

Je ne réponds pas. Je sais que je n'ai rien oublié, je crains juste les impostures du temps. Car il se peut que toutes ces années vécues en France aient travesti le passé et donné à ma vie au village le goût des contrées lointaines et le charme suranné des anciens mondes.

N'empêche, à mesure que les jours passent et que maman semble condamnée, le sentiment de l'avoir si peu connue me revient avec force. Et le risque de la voir disparaître avec ses secrets me terrifie. Suis-je la seule, de mes frères et sœurs, à ressentir cette frustration et cette peine ? Parfois, je prononce son nom expressément et je vibre seule à l'entendre. À défaut de vraies révélations sur elle, j'oriente la conversation vers ses petites manies, sa façon de porter la mélia coincée à la hanche ou d'invoquer les saints en faisant mine de s'arracher les cheveux, comme si ces simples détails pouvaient me rassasier d'elle. Et la faire réapparaître à nos côtés. Je pose des questions à son propos tout en sachant que personne ne me donnera de réponse, mais je me dis que, au moins, je les aurai posées.

Bien sûr, je me reproche intérieurement de vouloir lever le voile sur maman à tout prix. Et d'être bonne pour l'Enfer, aux yeux de Jamila, Soraya et compagnie. Mais je lutte contre ces appréhensions. Je me convaincs que tout jour passé sans l'évoquer est un jour en moins dans sa vie. Et qu'il ne sert à rien de lui parler, au contraire, le poids des mots chargés d'aveux, de chagrin et de repentirs prononcés par ses filles l'enfoncerait davantage dans la nuit. Le meilleur remède pour la retenir en vie, ne serait-ce pas, non de *parler à* maman comme disent les médecins, mais de *parler d'elle* ? Je confie l'idée à Souad et elle se contente de hausser les sourcils. J'en fais part au médecin-chef, il éclate de rire et préfère m'entendre évoquer Paris qu'il a fréquenté jeune étudiant et dont il garde d'excellents souvenirs.

La réputation de « fouineuse » commence à me coller. Jamila m'évite et, confrontée à mon obstination, refuse catégoriquement de s'égarer sur ce terrain. Elle m'accuse de verser dans l'impudeur. Je rétorque que je suis la seule à vivre au loin et que, à ce titre, j'ai besoin de retraverser l'existence de ma mère, de connaître ce qu'il s'y est passé. Ce que je ne lui dis pas, c'est que j'ai la sensation d'avoir engagé une course contre la mort. Que j'essaie, au moyen des mots, de retisser l'existence de maman à mesure qu'elle se défait sous mes yeux. Un pari insensé au regard d'une tradition où la discrétion est le seul moyen pour les femmes de se maintenir en vie.

Ce matin, je m'apprête à quitter l'appartement pour l'hôpital quand j'entends la bonne prononcer :

— Demain, je préparerai un couscous pour sainte Charda. Elle intercédera auprès de Dieu pour guérir Lalla.

Charda ? Cela fait des années que je n'ai pas entendu prononcer ce nom. La sainte fait partie de notre arbre généalogique, une légende orale la situant entre le Prophète et un grand-père mystérieusement surnommé le Lion de la Vallée. Mais sur l'arbre en question, la branche de Charda est vide et rien ne la mentionne.

— Pas étonnant, commentait savamment Souad. Chez nous, l'écrit est réservé à l'histoire des hommes !

— D'accord, dis-je à Naïma avant de refermer la porte.

Hélas ! Nous avions beau nous entretenir avec maman ou parler d'elle, les médecins ne constataient aucune amélioration. Nous avions beau invoquer les saints et nous acquitter du rituel de Charda, le diagnostic restait le même.

En attendant, l'hôpital est devenu notre résidence secondaire. Nous avons pris la liberté d'y fixer nos rendez-vous et d'y inviter nos connaissances pour passer le temps. Mes trois sœurs arrivent flanquées de leurs voisines. Des camarades de nos nièces, étudiantes en médecine, sillonnent les services dans l'espoir de se faire embaucher sur place, et leurs mères, quinquagénaires au foyer, les chaperonnent, les unes pour sentir l'odeur de l'éther qui ferait le même effet que le *khochkach*[1], les plus pessimistes pour se familiariser avec la maladie et la mort. Une cousine, coiffeuse, a pris l'habitude de débarquer avec des ciseaux et des baumes capillaires afin de s'essayer sur nos cheveux. Des recettes passent d'une main à l'autre, on admire les dernières modes qu'exhibent les magazines, et les jeunes enfants n'hésitent plus à se déhancher dans les couloirs aux sons de leur casque vissé sur le crâne.

L'une de mes nièces, une belle plante de vingt-cinq ans, s'est mis en tête de draguer le médecin-chef. Elle arrive dans des toilettes extravagantes, exhalant des parfums aussi scandaleux que les effluves de santé qui roulent dans ses pas. Le médecin a fini par craquer. Tous les services de l'hôpital nous sont désormais acquis. Du cinq-étoiles ! Un ascenseur est réservé à l'usage de la famille, ainsi que des sanitaires et des cuisines pour réchauffer les petits plats. Le personnel s'est habitué à nous voir déambuler affublées de bonnets pour des raisons d'hygiène. Nous avons fini par nous fondre dans le paysage, fleurant les odeurs de piqûre et de térébenthine, et mes deux sœurs aînées restent dormir dans le bloc des infirmières.

J'entre tous les jours dans sa chambre et je la contemple à distance. Elle ne bouge pas, ne cille pas, seul son souffle me parvient, couvert par les bruits alentour.

Quand je sors, je ne peux m'empêcher de murmurer mon désespoir.

— Tu attends de la quitter pour parler toute seule ? m'interroge Souad.

— Je me demande si maman nous aimait…

— C'est vrai que c'est le genre de question que tu es la seule à poser, s'esclaffe Souad.

1. Plante préparée en tisane et réputée avoir un effet narcotique.

Quant à Jamila, elle me rembarre sévèrement :

— Chez nous, seul Allah est habilité à savoir ce que contiennent les cœurs. Exprimer son amour, c'est empiéter sur Son domaine et voler Son secret.

— Je ne veux pas dire que maman nous détestait, ai-je continué, ignorant le prêche de mon aînée.

— Moi, je pense que nous étions tout simplement trop nombreux pour que maman puisse montrer son attachement à chacun de nous, a répondu Souad. Huit enfants, ce n'est pas rien. Cependant, elle manifestait de la fierté envers ses garçons, et avait de la peur pour ses filles…

— Mais jamais de tendresse, interrompt Jamila malgré ses pieuses déclarations.

— C'est pourquoi aucun de nous ne peut se prévaloir de connaître vraiment le visage de la passion.

Le silence de mes aînées ne me surprend pas. Je poursuis comme si je me parlais à moi-même :

— On dirait que nous sommes tous sans cesse en train de chercher à combler les manques d'affection…

Jamila soupire longuement, tandis que Noura avoue sans complexe qu'elle n'a rien saisi au propos. Souad est occupée à parler au téléphone. Sa conversation terminée, elle juge nécessaire de venir à mon secours. Elle explique que, si les garçons s'appropriaient une grande part du sentiment maternel, les meilleurs morceaux revenaient aux filles. Incapables de se défendre, ces dernières devaient être bien nourries, maman s'y employait mais sans en avoir l'air et, quand elle garnissait l'assiette de ses fils du plus beau morceau de viande, c'était pour la galerie ! La métaphore culinaire n'a pas convaincu notre aînée. Elle hoche la tête et veut clore la conversation en affirmant que mère aimait davantage ses garçons.

Je refuse de céder.

— Et si maman avait une autre intuition ? Préparer en nous une place pour l'amour à venir. Celui que les autres nous donneront. Dans le jardin de nos cœurs, elle aurait préservé un coin pour…

Jamila se lève, le visage crispé de colère. Elle dit en avoir assez de mes raisonnements pédants, émaillés de mots français qu'elle ne comprend pas ! Elle m'accuse de tenir des discours à l'occidentale, suffisants et tarabiscotés. En plus, nous ne sommes pas dans un lieu privé et il est déplacé, encore une fois, d'y parler de sentiment. Souad tente de s'interposer :

— Il se peut que maman ait songé à laisser en nous une place pour l'amour, mais alors, elle n'a rien prévu pour nous en inculquer le savoir-faire !

— On voit que tu as été à l'école française, toi aussi, lâche Noura.

Et les deux aînées de s'éloigner. Non pas qu'elles jettent l'éponge ou qu'elles craignent de voir se fissurer leurs certitudes, loin de là. Elles sèchent sur le vocabulaire tout simplement. Elles capitulent devant la forme, mais ne se rendront pas sur le fond. Et le fond, c'est que maman les a retirées de l'école, enfermées, soumises à son bon vouloir et aux désirs de leurs oncles, avant de les pousser dans les bras d'hommes qui ne les valaient pas !

Raouf, le plus assidu des garçons auprès de maman, débarque en fin de journée. Il nous fait don de son sourire charmeur et de son regard à la Richard Gere, avant de filer dans la chambre de la malade.

Que ce frère, troisième de la lignée, se montre aux petits soins avec notre mère n'étonne personne. Il a toujours été son préféré. Jamila jure qu'elle aurait « sacrifié ses quatre filles pour un seul de ses cheveux ». Si je me réfère à la scène dont je fus témoin enfant, je ne peux que donner raison à ma sœur aînée.

Je devais avoir cinq ans. Une nuit, la main de maman a secoué rudement mon épaule.

— Lève-toi !

C'était la première fois que je voyais maman un *safsari* sur la tête. J'ai cru à un rêve, mais sa voix s'est faite pressante et j'ai dû me rendre à l'évidence. Maman sortait. Oui, elle sortait ! Un phénomène plus surprenant que si Dieu se montrait à ses créatures ou si la lune s'engouffrait dans notre maison.

Nous avons poussé la porte et nous nous sommes retrouvées dehors. L'obscurité nocturne, en cachant son corps, semblait allumer l'étincelle qui la faisait avancer. Il devait être très tard. Au loin, se découpait le mausolée de Charda entre les deux collines attestant de sa légende. Dans la vallée, l'on ne distinguait que le motif de quelques arbres rivés les uns aux autres comme en proie à la peur. De temps en temps, une ombre blanche traversait le ciel et je serrais plus fort la main de maman.

Nous avons contourné le mausolée et traversé le cimetière.

— Écoute, dit-elle, écoute les soupirs des morts. Si tu vois un bras surgir, n'aie crainte, c'est juste qu'un défunt essaie de te faire venir à lui.

Arrivée près du chemin de fer, elle a ordonné :

— Fais une prière, car tu es en train d'enjamber le sang de ceux qui ont péri sur les rails. Et si tu aperçois des flammes, plisse les yeux de façon à ce que les djinns ne te voient pas.

Elle ajouta :

— À partir de maintenant, tu ne prononceras plus un mot. Sinon, je vais échouer.

À quoi ? Elle n'allait pas me le dire, bien évidemment.

Nous avons marché jusqu'à la croisée de deux sentiers. L'un menait vers le mausolée d'Askar, l'autre vers celui de Sidi Joiffre. Ma mère s'est arrêtée, a lâché ma main pour fouiller dans sa mélia et en sortir une petite boîte. Elle s'est accroupie, a ramassé une poignée de terre, l'a glissée sous le couvercle avant de refermer en murmurant : « Ô toi ! Je te ravis du giron de ta mère et je ne te libérerai que lorsque tu accompliras mon vœu ! »

Elle a refermé la boîte et nous avons refait le chemin en sens inverse. Quand nous avons retraversé le cimetière, un bruit s'est fait entendre :

— Avance, dit-elle, c'est ton arrière-grand-père. Il nous a reconnues. Pourvu qu'il n'aille pas le répéter au village.

J'ai pressé le pas et, lorsque je me suis retournée, j'ai vu deux silhouettes s'agiter l'une sur l'autre au-dessus d'une tombe. Il m'était interdit de parler, et je n'allais pas accorder de crédit à mes yeux, sachant que seuls ceux de ma mère accréditaient le réel.

Nous avons poussé la porte aussi discrètement qu'à notre départ, et maman m'a ordonné de me coucher dans son lit, papa étant absent ce soir-là. Elle a mis la boîte sous le traversin en me chuchotant :

— Si, d'aventure, tu entends un bruit, ne sois pas étonnée. C'est le djinn qui s'agite là-dedans et qui demande à sortir. Fais comme si de rien n'était et, surtout, ne t'avise pas de lui ouvrir. Quand il accomplira mon vœu, je le laisserai partir.

Je m'apprêtais à passer le reste de la nuit à écouter les complaintes du prisonnier invisible et à étouffer ses cris dans ma poitrine. Auparavant, j'ai demandé dans un souffle :

— C'est quoi ton vœu, maman ?

— Je te le dis, mais tu le gardes pour toi. Que ton frère Raouf nous revienne sain et sauf de la grande ville.

— Pourquoi est-ce à toi qu'elle a demandé de l'accompagner ? s'étonne Raouf après avoir entendu mon histoire.

Je me le demande aussi. Car maman a récidivé. Faisant de moi sa compagne chaque fois qu'elle s'en allait piéger les djinns ou invoquer les saints. Je finissais par me dire que l'objectif de sauver son fils valait autant que le rituel déployé devant les yeux de sa fille. Mais un jour, sans crier gare, maman m'a expulsée de son monde parallèle. Pourquoi ? A-t-elle jugé que j'avais assez vu du Mystère pour y croire à jamais ?

Raouf n'a pas pu empêcher ses larmes de couler et la décence a dicté aux filles de baisser les yeux.

Noura a voulu détendre l'atmosphère :

— Il paraît que tu as interdit au médecin de dire que maman a quatre-vingt-douze ans. Tu veux la faire passer pour plus jeune, n'est-ce pas ?

— Cet idiot n'a pas à se fonder sur l'âge de maman, a répondu mon frère en s'essuyant les yeux. Il n'a jamais vu son acte de naissance, donc il n'en sait rien !

— Mais qui parmi nous connaît sa vraie date de naissance, voyons ?

— Justement !

Après le départ de Raouf, Noura, en verve ce jour-là, lance :

— Une chose est sûre, si maman meurt, seules les filles hériteront de ses bijoux. Les garçons n'y ont pas droit.

Nous la fusillons du regard. Elle esquive très vite :

— Vous vous rappelez le trésor dont elle parlait à la fin de sa vie...

— Tout le monde sait qu'elle délirait, s'agace Jamila. Ce trésor, c'est comme les djinns qu'elle prétend fréquenter, il n'a jamais existé.

— N'empêche, dis-je, maman va mourir et elle aurait pu nous raconter...

— Tu ne vas pas recommencer ! coupe cette fois Souad. Il faut que tu le saches : maman a perdu la mémoire et les médecins ont conclu à la maladie d'Alzheimer.

Je refuse de croire et continue dans un dernier sursaut :

— Il se peut que l'éloignement de son village soit la cause de ses oublis...

Souad s'esclaffe. Elle me soupçonne de diagnostiquer chez maman mes propres maux. L'exil, vous avez entendu ça ! Tunis, c'est quand même pas l'étranger et notre mère n'a pas exprimé qu'elle souffrait à ce point de l'éloignement. L'esprit rationnel de Souad refuse d'envisager une autre hypothèse que les troubles de mémoire.

Les aînées se rangent à son avis. Elles invoquent le délire et l'amnésie sans recourir au mot Alzheimer, qui n'a pas d'équivalent en arabe.

Le hasard ou la chance ont ramené Soraya à ce moment précis de la conversation. Je lui demande son sentiment. Elle renoue ses foulards sur le front et se tourne, dédaigneuse, vers mes sœurs cette fois :

— Comment pouvez-vous proférer de telles insanités sur Lalla ? Elle avait toute sa tête. Pour preuve, avant le « couma », elle m'a demandé des nouvelles de sa famille et m'a fait la liste des proches à qui je devais transmettre son salut.

Souad hausse les épaules. Ce sont là des élucubrations de ruraux. Même pas de souche… Ma petite sœur est forte de son ancrage dans une époque dont elle revêt le costume tout autant que la mentalité. C'est la seule chose que je lui reproche, d'ailleurs. Elle imite avec outrance le comportement des citadins, exactement comme Soraya qui exagère en imitant celui de nos villageois. Non contente d'adopter le mode de penser des Tunisois, notre benjamine s'enorgueillit de partager leur « esprit du réel » en toute circonstance quitte à lui concéder quelques faux pas, comme l'histoire d'amour entre ma mère et son gardien d'immeuble. Pour le reste, elle est la préposée aux mauvaises nouvelles, aux scénarios catastrophiques et à la disparition programmée des mères. C'est elle qui m'avait téléphoné à Paris pour me dire de venir au plus tôt parce que je risquais de ne pas voir maman vivante. Elle se flatte de regarder les choses en face et non de biais, de faire l'économie des illusions et des histoires à dormir debout.

Heureusement que Souad est partie très jeune au pensionnat, sinon on aurait assisté à une de ces guerres de générations !

L'éloignement a tué dans l'œuf tout conflit direct avec notre mère dont elle s'est rapprochée à Tunis, comme aimantée par son contraire.

Souad s'inscrit donc en faux contre Soraya. Persiste et signe comme pour l'irriter davantage. Elle affirme que maman était sans repère aucun et que, certains jours, elle semblait avoir la tête aussi vide de mémoire que ses yeux étaient vides de lumière. Elle confondait ses enfants et prêtait les traits des uns aux autres, mélangeait les prénoms et les parcours, canonisait sa bonne et traitait ses filles en domestiques.

Noura rallie son camp. Elle a ses preuves, elle aussi. Tout récemment, maman l'a prise pour sa propre mère, Tounès. Elle lui a demandé des nouvelles de sa « putain de coépouse ». « Tu parles de qui ? a interrogé Noura. — De la concubine de mon père, Aljia. — Qu'est-ce qu'elle t'a fait ? » Pour toute réponse, maman a proféré un gros mot et l'a congédiée pour s'enfermer avec sa bonne. Par réflexe de pudeur, davantage que par instinct de classe, aucune de mes sœurs n'a jamais interrogé Naïma pourtant.

Noura admet toutefois que, certains jours, maman n'avait aucun mal à reconnaître ses visiteurs. Elle se souvenait des visages, distribuait de l'argent à ses arrière-petits-enfants qu'elle nommait un à un. Elle poussait la lucidité jusqu'à les interroger sur le sens de leur prénom qu'elle avait du mal à épeler.

— Vous voyez ! assène Soraya.

— Elle paraissait si heureuse ! poursuit Noura. Et ce bonheur semblait lui rendre la mémoire. Elle tenait sur ses pieds et faisait des youyous, persuadée de fêter son propre mariage. Au contraire, d'autres jours elle recrachait la nourriture sur mon visage, lançait son dentier sur le mur et se recouchait en criant qu'elle ne voulait plus se réveiller. « Mais jamais plus ! Tu entends, salope ? ! »

Jamila resserre son voile.

Je ne sais pourquoi mais, malgré la conviction qu'affichent mes sœurs, une mystérieuse voix persiste à me dire que maman a toute sa raison. Elle a caché sa mémoire au fond de ses valises, entre ses mélias, ses foulards et les babouches qu'on lui a offertes pour la fête des mères alors qu'elle ne marche plus. « Ah ! on fête les mères, maintenant ! » se contente-t-elle de dire, au lieu de nous remercier.

Toutefois, je n'ai pas de preuves. Et personne évidemment n'adhérera à ma thèse. Hormis, peut-être, Soraya. Mais cette dernière se contente de désavouer l'attitude de mes sœurs, sans plus.

Souad finit donc par emporter l'assentiment général. Et Jamila de conclure :

— Maman souffre de… d'Alzi zimir… Les médecins l'ont confirmé, inutile de faire de la littérature là-dessus.

Je m'étonne de voir notre aînée, si peu instruite, accepter aussi facilement les conclusions scientifiques de Souad et s'en tenir au verdict des docteurs. Pourquoi s'obstine-t-elle à croire à la thèse du « délire » à tout prix ? Refuserait-elle si fort à sa mère un passé pour avoir été personnellement privée d'avenir ? À moins que ce ne soit un simple réflexe moralisateur et une foi outrancière. Depuis qu'elle s'adonne à la pratique rigoureuse de l'Islam, Jamila s'est taillé un costume de censeur, en effet. Et s'élève contre toute phrase qui a le contour de l'aveu, tout secret qui menacerait de se déverser sur les rebords du cœur. C'est cela donc la religion ?

— Maman n'a fait qu'extravaguer, s'obstine-t-elle. Vous n'allez pas la prendre au sérieux quand elle lance des phrases du genre : « Il m'a violée, je vous jure. Si je ne m'étais défendue… »

— Ou bien : « Aljia, c'est la pire des sorcières ! » ajoute Noura.

— Sauf qu'elle avait raison de traiter Aljia de la sorte, votre mère ! clame Soraya, sans que personne l'entende.

— Ou bien cette phrase : « Béchir a failli baiser sa sœur, s'il ne l'a déjà fait », ajoute Souad, le rouge aux joues.

— Elle avait raison ! martèle Soraya.

Et personne ne l'entend.

— Vous vous rendez compte, un vrai *délire* ! conclut Jamila, satisfaite.

Il ne sert à rien que je fasse part de mes pensées. Tout le monde est à cran et il suffirait d'un mot pour que la conversation tourne à la dispute. Soraya la première l'a compris. Elle a remis son *safsari* et lancé :

— Je m'en vais. La voiture de louage m'attend.

Les aînées parties aussi, je reste avec Souad. Elle a dû mesurer ma frustration et cette soif que j'ai de la vie de maman. Elle effleure mes cheveux :

— Je vais te donner la preuve que maman n'avait plus toute sa raison à la fin.

Au début, raconte Souad, quand le gardien d'immeuble est entré dans sa vie, maman a cessé de parler à ses enfants venus lui rendre visite. Perchée sur son fauteuil comme une reine sur son trône, elle se tenait immobile, le visage tourné vers le mur, les paupières mi-closes. Mains sur les genoux, tête légèrement penchée vers l'arrière, elle faisait le sphinx. Ses enfants l'entouraient de leur affection. Songeaient à son bonheur de se voir si bien entourée. Seule Souad la suspectait de supporter avec peine leur présence, parce que l'amoureuse en elle aurait évincé la maman. Sans doute préférait-elle la compagnie exclusive de son « cousin », ainsi qu'elle l'appelait, conformément au code courtois dont usent les femmes de son village pour désigner leur amoureux.

Mes sœurs arrivaient avec des foulards en cadeau, du parfum ou un coupon de tissu, leur façon à elles de l'embrasser. Elles lui faisaient tout palper, sentir, essayer. « C'est pour toi ! » Maman touchait à peine l'étoffe, humait à contrecœur le flacon, le tendait dans un geste désinvolte à sa bonne, l'air de dire, c'est quoi ces bizarreries, je ne vous ai rien demandé !

Souad pense que le brouhaha autour d'elle charriait une planète qui roulait jusqu'à ses oreilles comme le reflux des vagues au pied du promeneur absorbé. Ses yeux se remplissaient de bruits qui lui tenaient lieu d'une réalité qu'elle ne pouvait plus identifier. Peut-être aussi dénichait-elle le nouveau monde dans la résonance des mots et des sons citadins, dans le bruit du micro-ondes ou des tirs d'armes échappés de la Playstation d'un gamin, qui finissaient par la sortir de son silence : « C'est quoi ? Les Français ont bombardé ? » Ou bien à travers les applaudissements qui saluaient un pari gagné et dont elle ne semblait toujours pas saisir le sens : « Pourquoi ces idiots se frappent-ils les mains l'une contre l'autre comme des singes ? » De son temps, on faisait des youyous en mettant la main sur la bouche, parfois en exhibant la langue comme un essuie-glace.

Flanquées de leurs enfants, mes sœurs s'obstinaient dans leurs visites, plus rarement mes frères. La modernité débarquait dans le sillage de leurs talons aiguilles, des sonneries de leurs portables, mais aussi dans les conversations débitées à moitié en langue étrangère. Maman tendait l'oreille comme on scrute un inconnu sur l'autre rive en entendant parler ses petites-filles en français. En vérité, celles-ci passaient de l'arabe au français chaque fois qu'elles voulaient lui cacher un événement désagréable, les problèmes d'un de nos neveux engagé en politique, les comas éthyliques du mari de Jamila, la maladie incurable d'une cousine, ou la dernière crue survenue au village. La langue des Infidèles permettait de parler sans informer, surtout de diminuer l'impact des drames. Elle servait d'écran contre l'incendie du cœur maternel. Dissimulait la tragédie des canicules et des suicides survenus à Ebba. Enveloppait les morts récents et épongeait le sang des accidentés de la route, afin que maman n'en sache rien : le décès de la quasi-totalité de sa fratrie ainsi que de la moitié de ses voisins, tous ensevelis dans le linceul des mots étrangers.

Toutefois, il fallait prononcer le nom des défunts en arabe. Maman interrompait : « Pourquoi Mustapha ? Qu'est-ce qui lui est arrivé ? — Il ne s'agit pas de ton frère», prétendait Souad. Quelque chose faisait penser cependant que maman ne croyait pas un mot des dénégations de sa fille. Car des sanglots secouaient tout à coup sa poitrine comme si la langue française lui filait en douce les nouvelles des siens.

Et puis un beau jour, elle s'est lancée dans une tirade émaillée de proverbes et de maximes. Ils deviendront son mode d'expression. Elle déclamait des phrases arrangées et rimées comme du temps d'Al-Khansa[1], donnait des ordres sous forme de dictons et ses plaintes couraient sur une métrique infuse. Elle égrenait des prières aux saints pour féliciter ou vitupérer, remercier ou appeler la malédiction. À l'annonce d'un fait divers ou d'un scandale, elle répétait : «*Ya latif ya latif, mchat al bidha maa loussif!* Dieu nous préserve de la pègre/La Blanche s'est acoquinée avec le Nègre ! » À l'heure de se coucher, elle répondait, docile : «Voici venu le moment de se taire/Et dans la nuit tout faire et refaire ! » Poursuivait : «Prudence et miséricorde/Pour celui qui par l'amour se fait mordre ! » Et finissait en se chantant sa propre berceuse : «Yamna va dormir/Personne n'entendra son soupir ! Gare à celui qui la réveille/Subira malheur à nul autre pareil ! »

Une après-midi, de retour d'Ebba où elle était allée fêter l'Aïd avec ses enfants, Souad racontait à Jamila venue rendre visite à maman que la neige y était tombée et que les villageois avaient affirmé ne pas avoir vu cette blancheur depuis… depuis quand, déjà ? Sans doute l'hiver où Yamna était partie s'installer à Tunis… Soudain, ma mère s'est tournée vers Souad et s'est écriée : «Bonne année ! » En français.

— En français, je te jure ! conclut ma sœur.

C'est probablement cette succession de séquences étranges qui a poussé Souad à s'accrocher à sa place d'intendante. Mais elle

1. Célèbre poétesse arabe qui a vécu avant la naissance de l'islam (575 env.).

ne sait pas, au fond, si elle s'est occupée de notre mère par amour ou par simple devoir filial. Si elle cherchait sa bénédiction ou le moyen de mesurer sur le terrain les symptômes de la vieillesse et le processus de défaillance progressive de la mémoire. À moins qu'elle ne s'invente des motifs rationnels pour occulter son désir d'en savoir plus sur maman, comme moi.

Souad reconnaît son incapacité à deviner les pensées de notre mère. Comment savoir, par exemple, si, tout en étant assise au milieu de ses enfants, maman dormait ou si elle était réveillée, à quelle heure son jour se levait et quand tombait sa nuit ? Ses paupières mi-closes dessinaient comme un écran sur sa conscience, et ses silences soustrayaient son corps à la manière d'une disparition subite. Pour se convaincre de sa présence réelle, il fallait l'entendre parler, commander, conjurer ou demander à se soulager. Et pour cette dernière requête, elle refusait de demander à sa fille. C'est sa bonne qui passait ses mains sous ses aisselles, la soulevait, la faisait marcher jusqu'aux cabinets, la posait comme un bébé sur la cuvette avant de refermer la porte. Naïma avait toute latitude pour vaquer à ses affaires avant que maman ne la rappelle. Car elle restait des heures à faire couler l'eau du robinet accroché par un tuyau à la cuvette, sans que personne n'en sache la raison, ni que son fils Raouf ne s'insurge devant la facture d'eau la plus salée de la capitale.

Il arrivait, poursuit Souad, que maman la fasse venir au milieu de la nuit. Elle lui tendait une petite bourse en tissu : des bracelets. Il faut aller les déposer en gage, dans l'attente qu'elle vende un ou deux moutons, elle remboursera, bien évidemment. Souad savait que c'était pour la forme : sa mère n'avait pas besoin d'argent. Mais il s'agissait d'un réflexe. Elle considérait les bijoux comme dans son village, où ils n'ont de sens et de consistance que s'ils servent à monnayer de petits bonheurs et à vaincre les difficultés de passage. Sans tractations, marchandages et échéances, un objet en or n'a pas plus de valeur qu'un bout de bois, alors que le déposer de temps en temps chez un bijoutier le frappe du poinçon de l'utile. Ce sont les expressions de ma mère.

Depuis quelque temps, elle se plaignait d'un voleur qui rôderait dans son appartement. Affirmait percevoir sa présence à l'odeur, âcre et forte comme de l'eau de javel. Sur la tête de son fils Raouf, elle ne mentait pas ! Personne ne trouvait trace du coupable, bien sûr. La sécurité était sans faille dans son quartier, le gardien avait soudoyé deux agents de police pour qu'ils passent en voiture chaque nuit devant l'immeuble, tous feux éteints. Souad avait demandé à un menuisier d'ajouter un nouveau grillage aux fenêtres, mais cela n'avait pas suffi à tranquilliser maman. Elle restait persuadée que le brigand continuait de fouiller chez elle et de voler. Si elle avait eu ses yeux, elle aurait dressé l'inventaire des dégâts. La fois où Stoufa lui a proposé de lui procurer une chienne pour assurer la garde, elle lui a craché dessus.

Elle répétait que le *khaïn*[1] avait la ferme intention de subtiliser le trésor de sa bonne Naïma. « Quel trésor ? demandait Souad.
— Mais tu le sais bien, idiote ! »

Je m'en veux de n'avoir pas été témoin de la passion de ma mère. De son dernier chant de vie. De ses maximes indéchiffrables. De ses expressions qui fleuraient le désir et charriaient des rimes arabes à profusion. Je m'en veux d'être partie loin d'elle. L'exil, c'est peut-être ça : vivre en dehors du temps de sa mère.

— Maman ne se serait pas donnée en spectacle devant toi et elle ne t'aurait pas confié un seul secret, me dit Souad. Quand elle a su que tu écrivais, elle s'est méfiée. Même aveugle, elle était persuadée que tu l'épiais pour aller raconter tout cela ailleurs.

Force est de reconnaître la vérité.

1. Le mot veut dire à la fois traître et voleur.

Je me revois durant ces années où connaître sa vie était devenu pour moi une obsession d'autant plus malheureuse que je ne savais pas si elle relevait du besoin pur et simple de la connaître ou de la tentation d'en faire matière à écriture. Mais maman savait. Car, le jour où je lui ai tendu fièrement mon premier livre, elle a claqué le couvercle de son coffre et s'est éloignée. À la retenue qui l'avait toujours empêchée d'exprimer sa tendresse envers ses enfants, désormais s'ajoutait la défiance à mon égard. Une gêne palpable et non avouée allait s'installer entre nous, de sorte que je la surprenais souvent le regard de biais sur moi, comme si j'étais la fille d'une autre. Ses complaintes de l'aube me furent alors interdites et il n'était plus question de l'accompagner dans ses aventures nocturnes, dont elle revenait avec les djinns enfermés dans ses boîtes. Chaque fois que je passais à proximité, elle baissait le son des invocations ou interrompait une conversation qu'elle voulait garder secrète.

Maman devait être persuadée que toute parole écrite moucharde, déforme, dévoile, surtout. J'étais celle qui s'éloignait pour observer les siens de la fenêtre d'en face. Tandis qu'elle avait toujours déconseillé à ses enfants de s'aventurer dans la maison d'en face, justement. Là-bas, on risque de les questionner sur elle et sur les siens, de les presser d'ouvrir la bouche, le cœur, parfois même les cuisses, pour y fouiller à loisir. Alors, le secret maternel se répandrait dans le village et gonflerait la calomnie. La parole écrite n'est qu'une crue calomnieuse. Je suppose que c'est ce que maman appréhendait. Celui qui fait office d'écrire subtilise la flamme de la vie, s'installe hors du regard de la mère, en territoire étranger, avec l'intention sacrilège de dérober l'intime réfugié sous la peau des femmes. Écrivez, vous voilà au rang des traîtres. Je comprends maintenant pourquoi maman, qui a concédé des youyous à mes réussites scolaires et consulté les voyantes sur mon destin de future épouse, ne m'a jamais félicitée pour aucun de mes livres, ni éprouvé le besoin de se renseigner sur mes éventuels succès d'auteur. Elle craignait la littérature comme la montagne de charbon où disparaissait mon frère Toufik, ingénieur des mines. Elle n'était jamais sûre de nous récupérer, l'un ou l'autre, du puits où nous descendions sans garantie de remonter.

Édifiée sur le litige qui m'opposait à maman via la littérature, je décide d'interrompre mes investigations et de la laisser mourir en paix.

Souad et moi poursuivons le même rituel. Elle m'accompagne chez maman et nous restons à bavarder jusqu'à ce que son mari vienne la chercher. Nous nous asseyons dans le salon, juste en face de la photo de nos parents vieille d'un demi-siècle. Nous fumons et mangeons des gâteaux du Monoprix. La benjamine se lance dans des récits en tout genre, on dirait qu'elle vient de se découvrir une vocation jusque-là contrariée par son métier d'expert-comptable. Sous la femme moderne et rationnelle resurgit l'ombre de Shéhérazade que Souad joue volontiers, sans que je fasse de commentaires, sinon marmonner que je déteste ces *Mille et Une Nuits* qui sentent le récit frauduleux et la catin orientale.

— J'ai dit « catin » ?

Souad éclate de rire :

— Tu parles comme maman maintenant.

— Ah, non ! Je ne veux plus qu'on parle de maman.

— Oh ! Juste un détail.

Le détail en question est celui-ci : ces derniers temps, avant d'être hospitalisée, maman s'était mise à débiter un vocabulaire que nous avions jadis interdiction de prononcer sous peine de nous voir enduire le sexe de piment ! Tout y passait, des insultes les plus banales aux pires grossièretés. Son auditoire importait peu, hommes ou femmes, proches ou inconnus, elle s'amusait à filer les sous-entendus et à injurier. Elle s'en prenait à ses garçons en stigmatisant leurs « parties génitales atrophiées », leur « zizi coupé de travers », leur « cul bon à accueillir les bites », à l'instar de ses filles, arrivées au mariage aussi « trouées que le vieux couffin de leur père », « putes », « courtisanes » et « sorcières patentées » ! Ses enfants ne savaient pas si elle voulait allumer à tout prix le scandale dans les yeux de l'assistance, ou si sa raison chavirait pour de bon. Elle abusait des mots « chatte » et « bite ». Ponctuait ses phrases de « merde ! » « putain ! » et « nique ta mère ». Traitait mes sœurs de *kahba*[1].

Des mots que Souad me rapporte aujourd'hui en rougissant. Une fois, maman a intimé au médecin qui l'auscultait de la « baiser au plus profond », ça lui ferait recouvrer la santé mieux que ses ordonnances dont il pouvait « se torcher le cul ». Une autre fois, elle a mis à la porte sa belle-fille Soraya pour lui avoir rapporté que son fils Sami s'était juré de chercher le fameux trésor familial : « Trésor de mes fesses ! Va te faire enculer par Béchir, salope ! Et par ses chiennes si tu as le trou en feu ! »

— Décidément, dis-je, elle n'a jamais aimé son beau-frère, et personne ne connaîtra le motif de cette haine.

Souad soutient que les excès langagiers de maman relèvent de son Alzheimer, tandis que j'ai tendance à incriminer la cécité. Il se peut que ce handicap place en territoire d'indécence forcément : à défaut d'images, l'aveugle recourt sans tri à tous les registres du parler. Et mésestime la portée du mot, dans la mesure où il n'en voit pas l'effet sur son interlocuteur.

D'après ma sœur, la fratrie craignait alors que ne fût entamé, à cause de ces obscénités, le capital de respect dû à notre mère. Jamila se disait horrifiée. C'est elle qui a été obligée de retenir sa main la fois où elle a voulu agresser tante Zmourda venue lui annoncer la mort de son mari. La pauvre parente a eu droit, en

1. Putains.

guise de condoléances, à un mixte de jurons et de bras d'honneur. *Idem* pour cousine Fattoum qui a débarqué avec un agneau entier et qui a reçu une paire de babouches sur le crâne, assortie d'un chapelet d'insultes ordurières. Ce qui, bien sûr, n'a pas manqué de faire jaser. Sitôt de retour à Ebba, Fattoum a confié à ses voisines, faussement chagrinée : « Vous ne savez donc pas ? La femme de Cheikh Farès a perdu la raison. Ses enfants songent à la mettre chez les mabouls ! »

— Vous imaginez ce qui se dit sur nous au village ! fulminait Jamila.

C'est juste après le passage de cousine Fattoum que le gardien d'immeuble s'est absenté. La mécanique de vie de maman s'est alors détraquée. Ses jambes ont refusé de lui obéir, elle n'a plus émis que de faibles sanglots et des injures indéchiffrables.

Après tous les mois qui l'ont vue se battre contre la mort à coups de rimes, de jurons et de postures amoureuses, elle semblait décidée à partir, comme pour éviter une issue plus fatale. Quelque chose de plus fort que la passion avait trouvé un chemin vers son corps en contournant le cœur. Mais quoi ? se demande Souad. La femme, dont on vantait quand elle était jeune l'embonpoint et la fière allure, avait rétréci en quelques semaines. Elle n'était plus qu'une petite boule de chair que Naïma enroulait dans un drap et jetait sur son dos pour lui faire faire le tour de la pièce tandis que maman lui tapotait le derrière en prononçant péniblement : « Allez ! Plus vite, plus vite, l'ânesse ! »

Souad et Raouf ont tout essayé pour faire revenir Stoufa. Mes autres frères sont allés le voir en délégation pour quémander son retour. Une révolution dans notre monde patriarcal ! Le gardien a déclaré en avoir assez des caprices de Madame. Elle l'insultait et le malmenait, pire encore, elle avait pris l'habitude de l'appeler au téléphone au cœur de la nuit pour lui demander ce qu'il était en train de faire : « Tu baises ta femme, hein ? Jette-la, cette serpillière, elle ne sert à rien, c'est moi qu'il te faut. » Ou alors, elle l'accusait de l'avoir flanquée d'une coépouse : « Tu ne vas pas me dire que tu es avec l'autre ? Je vais te castrer. » Si cela continuait, il ne donnerait pas cher de son couple.

De son côté, maman a fait savoir qu'elle refusait de le voir. Sans en donner la raison. À coup sûr, elle s'interdisait par dignité de se montrer à son amant dans un tel état de mauvaise santé. Rien ne fonctionnait plus dans son corps, en effet, ni reins, ni yeux, ni jambes. Seul son regard éteint semblait, comme par miracle, vivre encore en elle.

Lorsque, il y a six semaines, Soraya est venue lui rendre visite, elle a cru la sortir de cet état puisque maman a accepté d'ouvrir les yeux, de se nourrir et de parler. Mais ce n'était qu'un intermède. Le lendemain, à l'aube, elle a perdu connaissance dans les bras de sa belle-fille.

C'est le médecin-chef qui vient nous l'annoncer : rien ne dit que maman se réveillera un jour. Mais rien ne dit non plus qu'elle ne se réveillera pas. Elle n'en a probablement que pour quelques heures. Mais elle pourrait vivre encore des années. Les reins de notre maman sont bloqués, les dialyses ne servent plus à grand-chose et son cœur donne des signes de fatigue alarmants. Toutefois, Allah est clément et miséricordieux. Nous sommes en terre d'islam, la vie et la mort dépendent exclusivement de Lui.

C'est un docteur qui le clame et Souad le regarde soudain avec mépris.

J'en conclus que la thérapie qui consiste pour mes sœurs à parler à maman est sans effet. Tout autant que la mienne qui prétendait la ramener à la vie en parlant d'elle. Quelle idée de croire qu'il est possible de la sortir du coma grâce à une misérable somme de souvenirs et de récits égrenés ! J'ai eu tort de passer outre aux scrupules et aux remontrances de Jamila. Il me faut admettre une fois pour toutes que son mystère restera entier et qu'elle mourra en nous laissant orphelins de sa mémoire.

En l'absence de diagnostic précis, je décide donc de repartir en France, au moins quelques jours. Le médecin-chef m'a donné le feu vert. Un saut à Paris, oui, pourquoi pas, c'est possible, le « départ » de la malade n'est pas imminent… Mais enfin, on ne sait jamais… J'en déduis que, d'une façon ou d'une autre, il n'y a aucune chance de voir maman rétablie.

J'ai réservé mon billet pour le lendemain et j'ai préparé ma valise, prenant soin d'y glisser une mélia et une ceinture qui lui appartiennent. Je me suis fait accompagner ensuite par ma sœur Noura dans la médina de Tunis afin d'acheter quelques babioles pour les enfants.

C'est ma première sortie en ville depuis sept semaines. Nous sommes un vendredi, jour de prière. Le ciel tombe par fragments à travers les interstices des rues étroites, faisant danser la poussière au-dessus de nos têtes. La ville n'a pas de goût depuis que maman est sur un lit d'hôpital. L'odeur des épices et du cuir tanné ne semble charrier que des effluves de vies secrètes échappés par les portes des anciens harems.

Nous traversons la médina au milieu des cris de la foule et des enregistrements de cassettes alternant sourates et chants grivois. J'ai du mal à me frayer un chemin dans ces passages où l'on s'embrasse d'une fenêtre à l'autre, certains portant à raison le nom d'impasse des Étreintes. À l'évidence, je ne sais plus marcher dans les rues arabes. Contrairement à Noura. Un couffin serré sous son bras, ma sœur se faufile entre les passants avec l'assurance des ménagères rompues aux venelles. Elle dit bonjour à tous les commerçants assis devant leur boutique à s'éventer d'une main et à se gratter les testicules de l'autre. Elle ralentit devant un étal de figues de barbarie, s'arrête pour plonger le poignet dans un sac de jute, avant de humer une fiole de jasmin, froisser une étoffe puis, plus loin, glisser un pied dans une paire de babouches qu'elle n'achètera pas, j'en suis sûre. Nous l'avons toujours connue ainsi : elle se sert à l'œil et marchande pour le plaisir, n'ayant jamais eu rien d'autre à faire de ses journées que de « vendre du vent aux navires », selon l'expression de ma mère. C'est peut-être sa façon d'avoir jugulé l'épreuve d'une vie d'analphabète… Je n'ai rien trouvé qui vaille dans les souks. L'artisanat tunisien a laissé place à des djellabas et des babouches chinoises. Autant se fournir sur les marchés de Paris. Demi-tour.

Sous la porte de France, les rues se sont soudain élargies et le ciel s'est déversé en gouttes fumantes sur la chaussée. Il a fallu hâter le pas.

Jamila et Souad nous attendent dans l'appartement de maman pour me dire au revoir. Nous prenons place sur les deux canapés du salon mais, apparemment, aucune de nous n'a envie de bavarder. Ces semaines autour de maman entre la vie et la mort nous ont épuisées.

J'ose toutefois :

— J'ai emporté une mélia de maman.

Souad ouvre grand les yeux.

— Une de ses ceintures aussi. Et… sa boîte à tabac.

— Et pourquoi pas son dentier ? glousse Noura.

La pluie a laissé place au soleil et l'appartement a plongé dans la tiédeur de l'été proche.

— Tu pars à quelle heure demain ? me demande Souad.

— En fin d'après-midi.

Soudain, je crois entendre le carillon des églises de France. Et ma maison me manque.

Le jour s'en est allé, petit à petit, dans un froufrou de brise mouillée.

Cette nuit précédant mon départ à Paris, il m'est impossible de trouver le sommeil. Le silence sur le point d'ensevelir la vie de maman me tourmente. Un silence jusqu'ici inconnu, vidé des rires de l'enfance et de la résonance de Dieu. Son silence à elle, hier comme aujourd'hui. Celui des siens, impassibles devant mes interrogations. Le silence de mes sœurs aînées avec qui échoue la confidence et tourne court la simple tentative de parler de notre chagrin ou de l'état insupportable où notre mère se trouve.

Justement. C'est là, un autre poids qui pèse sur ma poitrine : à cet instant, sur son lit d'hôpital, maman souffre-t-elle ? Les dialyses, les piqûres, les perfusions ? Et ces escarres qui suintent sur sa peau et maculent de taches de sang son matelas ? Souffre-t-on quand on est dans le coma ? Malgré les dénégations des médecins et des infirmières, j'en reste persuadée. Et j'ai mal. Les phrases de Souad relatant le moment de son hospitalisation me reviennent en boucle et cognent dans mon ventre :

— Elle s'agitait dans tous les sens. Elle disait non ! non ! de la tête, en entendant prononcer le mot hôpital. Puis elle a perdu l'usage de ses bras et de ses jambes. Seuls ses battements de cils indiquaient qu'elle s'inquiétait de la sirène qui hurlait devant sa porte et suppliaient qu'on la recouche dans son lit. Elle savait sûrement qu'une fois sortie de chez elle, elle ne serait plus que… ce que tu as vu à l'hôpital !

C'est-à-dire une simple chose à manipuler, une peau à inciser de piqûres, des veines branchées à des tuyauteries, un morceau de chair estampillé de plaies, comme les bêtes de boucherie.

Comment peut-on laisser faire ça à sa mère ?

Je me tourne et me retourne dans mon lit, lestée par le chagrin et la culpabilité. Je m'en veux de partir dans quelques heures sans être édifiée sur son sort. De m'être lancé le pari stupide de parler d'elle au lieu de m'efforcer de lui parler dans son état. De la laisser souffrir sans rien faire. Son calvaire et mon impuissance à y mettre fin me poursuivront longtemps, et mon corps portera à jamais les stigmates de sa douleur.

Cette nuit, mon être sert de réservoir à ses reproches et de ruisseau aux larmes qui lui sont dues.

Tout à coup, je sens une main effleurer mon épaule.

— Ne pleurez pas, Madame. Ce ne sont pas vos larmes qui la sortiront du noir.

J'ouvre les yeux. Et je la vois, debout.

Je ne sais pas encore que je vais repousser mon départ parce qu'elle va me prendre à témoin et raconter. J'ignorais jusque-là qu'elle détenait la clef qui ouvre sur la vie de maman. Et, cette nuit-là, l'incroyable a lieu.

Comment ne m'en suis-je pas doutée ? Pour son premier voyage dans la nuit, aveugle et loin de son village, maman s'était fait accompagner par Naïma, sa bonne. Elle qui s'était toujours tenue à une rigidité des manières et à une économie de propos avec ses enfants s'était laissée aller à la confidence. Et aucun de nous ne l'avait su. Un vrai scoop, comme diraient les journalistes.

Je n'ai pas eu à lui demander quoi que ce soit. Je n'ai pas eu à insister. Naïma était prête. Et j'étais loin de deviner qu'elle pouvait débiter en quelques heures plus de paroles qu'elle n'en avait prononcé en quarante années de vie. C'était peut-être sa revanche sur le silence et, pour moi, mon « butin de mère ».

Depuis des années, maman faisait venir sa bonne, quelle que soit l'heure du jour ou de la nuit, à condition qu'il n'y ait aucun de ses enfants dans l'appartement. Elle lui ordonnait de s'allonger à ses côtés, tenait sa main dans la sienne, afin de donner plus de crédit à ce qu'elle allait révéler. Elle lui intimait le silence total sur les routes d'Ebba : « Le bruit, ça brouille la distance et ça déteint le rouge des coquelicots », affirmait-elle.

Ma mère conduisait le récit sans voir sa coéquipière, mais elle pouvait juger de son écoute et c'était le plus important. Sa mémoire se déployait sur son ancien bourg, comme la fumée du train et, lorsque, par l'imagination, elle posait le pied sur son sol natal, tout reprenait place. La saison des récoltes démarrait aux premières chaleurs, les rires des jeunes filles fusaient dans les champs, les conversations troussaient l'honneur des femmes et soufflaient sur les mystères, tout renaissait intact, des recettes de cuisine aux miracles des saints en passant par le souvenir des morts qui ne sont jamais morts…

Elle s'arrêtait pour commenter son entreprise, et c'était une sorte de préface récurrente : « Écoute donc ! Toi qui es mes yeux des derniers jours et le témoin de mon exil. Je te fais don de mes récits comme j'ai toujours donné aux pauvres et aux malheureux. Et parce que tu as vu et soigné mon corps, tu es devenue mon ayant droit et mon héritière. Il était une fois ma vraie vie. »

Voici l'histoire de ma mère telle que sa bonne me l'a racontée cette nuit où je devais repartir en France. Je ne me demande pas pourquoi j'en suis aujourd'hui la destinataire. Ni ce qui m'autoriserait à la corriger. Il se peut que Naïma y soit allée de son imagination pour arranger quelques séquences à sa manière. Pour une fois, la patronne, c'est elle, et je ne serais pas étonnée de voir dans cette subversion des rôles l'une des révolutions inconscientes dont maman était capable. Mais, pour l'essentiel, je pense que Naïma a rapporté ses propos avec une fidélité qui n'a d'égale que la foi dont elle les investissait.

Je me suis permis de reconstituer son récit sans chercher à en dater les étapes ni à rendre crédibles les événements. Et je me dois d'avertir le lecteur : accepter l'authenticité de ce qui suit engage à entrer dans un autre temps. Et à croire l'incroyable.

Car il en sera et il en fut ainsi de la vie de ma mère.

LIVRE II

Le conte de ma mère

Elle s'appelle Yamna. Elle est l'arrière-arrière-petite-fille de Noé, elle dit bien Noé, parce qu'il ne faut pas confondre avec Adam, celui-là, c'est l'ancêtre de son mari. Noé était un grand marin à moustache, même si, ironie du sort, sa descendance n'a jamais vu une vague. Il faisait partie du cercle rapproché d'Allah, ayant réussi à sauver de la noyade une ribambelle de malheureux dont un authentique Gadour, surnommé le Lion de la Vallée.

Elle est venue au monde l'année où un gros morceau du ciel s'était détaché pour foncer droit sur son village. N'eût été la vigilance des saints et la baraka des ancêtres, justement, Ebba aurait été réduit en cendres. La pluie s'était mise à tomber très fort et la Providence s'empressa d'entourer les champs de ses longs bras, de sorte qu'Ebba eut plus de peur que de mal. Les avis divergèrent quant aux causes du mystérieux projectile céleste et une dispute éclata, opposant les tribus entre elles et menaçant de raviver la bataille de l'Éléphant.

Ce n'est pas ce genre d'histoire qui aurait intéressé sa mère, Tounès. Celle-ci était occupée à lui parler alors qu'elle était encore dans son ventre. Car la coutume voulait que les mamans se confient à leur enfant le temps de la grossesse, leur murmurant des aveux, les nourrissant d'une mixture de sang et de mots. Les bébés, c'étaient les seuls êtres, avec les morts, à ne pas donner la réplique ni cafter. Et couper le cordon ombilical revenait à obturer la cache à secrets des mères. Dans l'attente de naître, les bébés se positionnaient de manière à laisser de la place aux personnages racontés et à bien recevoir les révélations. Ils calaient une main derrière une oreille, pour mieux entendre, et posaient l'autre main sur la bouche pour se retenir de commenter, s'exerçant ainsi au rôle de sourds-muets les plus consentants du monde et les plus heureux de leur condition. C'est pour cette raison que raconter à des inconnus et prendre à témoin un étranger à son ventre, comme Yamna le fait en ce moment avec sa bonne, était une aberration dans sa tribu.

La coutume stipulait aussi que seules les filles à naître avaient le privilège de recueillir les confessions. Il en était ainsi, « ça tombait » toujours sur un sexe en forme d'écrin. Et les mères savaient qu'elles attendaient des filles au tic qu'avaient celles-ci de se pavaner sans à-coups à l'intérieur, de s'échapper par les côtés à défaut de sortir par la porte principale, de se mouvoir à l'horizontale, transformant la taille en cerceau, poussant le ventre à se ramasser tout en épaisseur autour du bassin. À tel point que Yamna se jura, à cette époque déjà, de déroger à la règle ancestrale et de rompre le contrat de confidence maternelle, de crainte que ses futures filles ne pèsent trop sur son corps ou sur sa vie. Ce sera la plus grande bataille perdue par les femmes depuis que le village existe, diront ses rivales.

Tel ne fut pas le cas de sa maman qui la mena par-devers sa vie secrète neuf mois durant. Et jamais femme du clan Gadour n'y mit autant de volonté. Tounès était sûre que son enfant laisserait ses paroles derrière elle avant de sortir et de fermer à clef. Et comme l'épouse de Gadour ne mettait jamais un pied dehors, elle s'occupa à modeler son ventre en une belle contrée tapissée de phrases qui clapotaient comme des ruisseaux. Pendant sa grossesse, on l'entendit très peu, elle entretenait l'enfant invisible du chagrin qui avait fendu son cœur à la mort de son père adulé, de la nostalgie de sa prime jeunesse quand elle avait le sein rond et la démarche des gazelles. Elle promenait son bébé dans son enfance à elle, lui racontait son mariage plus tard, en faisait le témoin de sa nuit de noces où elle fut coupée en deux. Elle en venait aux années suivantes où elle chercha en vain à recoudre son corps, jusqu'aux premières grossesses qui lui donnèrent l'illusion de le retrouver intact chaque fois que la peau se tendait et que la chair se ressoudait, occultant la blessure première : « Mais je ne guérirai vraiment qu'avec la mort, vois-tu, mon bébé ! »

Tounès, qui connaissait par le menu les commérages du pays, et plus encore les infidélités de son mari, pouvait tout relater et décrire à son bébé, sauf les beautés réelles de la nature, dont Yamna garderait sa vie durant une passion assoiffée et inaccomplie. On avait enfermé Tounès à l'âge de cinq ans. La nature n'entrait plus chez elle qu'à travers le récit des hommes et la mine hâlée des tout-petits, et c'était comme une autre planète dont on parlait. Jeune fille, elle s'était mise à inventer des couleurs aux éléments. Elle en vint à se persuader que les volcans jaillissaient du ciel, les nuages des puits profonds, et les étoiles d'en dessous les dunes. Plus tard, elle menaça sa progéniture à l'aide de chats voraces à un seul œil, de tigres à la peau bleue, de serpents marchant sur des nageoires mais elle leur narra aussi, revenue à de bons sentiments, les courses fantastiques des lévriers à cent cornes et des lions à mille pattes, la transhumance des oiseaux aux plumages brodés de gros diamants.

Yamna écoutait sa mère, persuadée que toutes ces créatures existaient bel et bien. Et tout naturellement, elle s'attendait à ce qu'ils saluent sa venue au monde dans un cortège de cornes en or et de museaux en argent, de paupières en dentelle qui s'ouvriraient comme tournesols sous le disque solaire. Et même si cela n'arriva pas, elle ne douta jamais de la parole de sa mère. Ce que Tounès relatait était vrai ou le serait un jour, à moins que quelque Providence n'ait doté sa maman de la mémoire d'autres mondes. Yamna était prête, en tout cas, à recueillir toutes les histoires tombées de la bouche maternelle, à les conserver en dépôt, en attendant le jour où Dieu donnerait la preuve que les mamans ne se trompent jamais sur les versions premières !

C'est pendant son séjour utérin que Yamna apprit ce qu'était l'amour conjugal, la jalousie, la rancune, la haine, les preuves de soumission des femmes, mais aussi les ruses et les obscénités qu'elles étaient en droit de réserver aux mâles une fois qu'ils avaient le dos tourné. Elle enregistra également l'histoire des saints, dont celle de Charda, l'épouse de Noé, à moins qu'elle ne soit sa sœur, Tounès ne se souvenait plus très bien. Elle relatait ainsi le destin de l'aïeule :

« Ce jour-là, Charda perdit tout espoir d'échapper au roi qui voulait l'épouser et qu'elle n'aimait pas. Devant elle s'étendait la montagne comme un rideau sur l'horizon. Et derrière, les soldats la poursuivaient par contingents entiers, casques et armures incendiant la plaine, le tyran en tête sur son cheval, fonçant sur la frêle silhouette, l'épée brandie au nom d'Allah. Il ne restait que quelques mètres avant que le piège ne se refermât sur elle. Alors, se sachant perdue, Charda se laissa tomber sur les genoux, leva les bras vers le ciel et répéta trois fois le nom du Prophète ! Soudain, l'on entendit un immense fracas et l'on vit la montagne se scinder en deux, livrant un étroit passage. La fugitive sentit des ailes pousser dans son dos et se transforma en hirondelle par la grâce de Dieu ! Elle s'éleva dans les airs puis glissa entre les deux flancs de la montagne qui se refermèrent aussitôt. De ce miracle, tu parleras, mon bébé. Et toi, plus que les autres. Tu rendras hommage à la sainte quand tu seras une femme ! »

Yamna respectera la promesse faite à sa mère.

J'en suis témoin. Une fois par mois, maman soumettait la maisonnée au même cérémonial. Préparait avec soin un couscous au poulet, affirmant que son ancêtre avait une préférence pour la volaille. Elle jetait sur la table basse une nappe étincelante, disposait le plat fumant sans oublier la bassine d'argent ni le savon tout juste sorti de son emballage. Elle refermait ensuite la porte et tout le monde était prié d'attendre que Charda arrive, s'installe et se sustente sans que personne n'ait jamais observé sa présence.

Oui. Je me souviens très bien du cérémonial. Enfant, je piétinais comme mes frères et sœurs devant la porte jusqu'au signal. Maman poussait les battants et nous nous précipitions sur le banquet. Non certes pour manger. C'était dans l'espoir de découvrir le moindre petit morceau qui manquerait au plat, l'ombre d'un pli fait à la serviette, l'infime goutte d'eau tombée dans la bassine qui témoigneraient du passage de la sainte, morte et inhumée depuis des siècles déjà !

Si Tounès ne tarissait pas de commentaires sur son ancêtre transformée en hirondelle, elle était plus vague sur la lignée de son mari, les Gadour. De sorte que Yamna ne sut jamais vraiment d'où venait la famille de son père, bien que des sources affirmassent que ses aïeux paternels auraient sillonné le Sahara occidental, le désert de Libye et le Chott el-Jérid avant de s'installer dans ce carré de verdure qui ressemblerait au paradis décrit dans le Coran : Ebba. Des tribus rivales revoyaient à la baisse l'épopée des Gadour en affirmant que ces derniers descendaient des Gouazine, une ethnie passée maître dans le commerce sale et peu soucieuse des moyens de s'enrichir. Pour preuve, elle aurait inventé le négoce le plus scabreux de la terre dans lequel les frères de Yamna auraient trempé : voler les ânes la nuit et les revendre le lendemain, après les avoir repeints d'une couleur différente. Seul l'imam qui, lui, avait étudié le Livre saint et savait reconnaître la vraie couleur des ânes, pensait détenir la bonne version sur le premier des Gadour venu dans la région :

« L'ancêtre des Gadour, Sidi Askar, béni d'Allah, était arrivé une après-midi de canicule alors que le monde n'était pas encore le monde. Pas âme qui vive sur cette plaine pourtant ornée de ruisseaux et parée du saphir du ciel. Il avait posé le seul bagage qu'il portait, une gourde d'eau et un coran, s'était adossé à un arbre et s'était endormi. Des oiseaux se posèrent pour le scruter de plus près ; et les voilà qui se mettaient à nettoyer le burnous de l'homme grouillant de poux ! La scène avait stupéfié un ermite qui passait par là. Il s'assit au pied de l'étranger et attendit son réveil, pensant : "Les oiseaux ne se soumettent qu'aux ordres d'Allah. S'ils prennent soin de ce voyageur, c'est qu'il s'agit d'un Vertueux." Lorsque l'ancêtre des Gadour ouvrit les yeux, l'ermite se précipita pour lui baiser la main et se proposa de devenir son serviteur. À partir de ce jour, tous ceux qui transhumaient par la vallée se refusèrent à pousser plus loin. Quelque chose d'indicible les retenait sous le toit de la baraka. Ebba naquit ainsi du miracle des oiseaux en mission divine et du passage de l'homme au burnous infesté de poux. »

Hélas ! Ebba devait déchanter devant les scandales provoqués par certains descendants de Sidi Askar, dont le mari de Tounès, Gadour, alias le « Lion de la Vallée ».

Ce dernier (*mon grand-père maternel*) était tellement porté sur le sexe qu'il ne pouvait passer une semaine sans enfourcher une croupe. Par crainte des tracas qu'induisait le harem, il avait résolu de traquer la donzelle sans avoir à en supporter la présence sous son toit ni à en faire la maman de sa progéniture. Exception faite de sa légitime, Tounès.

La prestance de Gadour, l'étendue de ses terres, son ascendance mystérieuse impressionnaient les jeunes filles qui rêvaient toutes de devenir ses concubines. Il s'en donnait à cœur joie en séduisant plutôt les femmes mariées, guettant la cheville fine qui s'aventurait hors des murs, envoyant des émissaires déclarer sa flamme à nombre de dames respectables, quand il ne s'arrangeait pas pour glisser dans le lit des paysannes sans qu'elles puissent s'en plaindre à quiconque. Il les aurait fouettées ou jetées dans un puits.

Lorsque le jeu de l'adultère le lassa, Gadour changea de tactique et décida de s'en prendre uniquement aux vierges. C'est ainsi qu'il paya des rabatteurs pour l'informer sur les mariages qui se préparaient dans les bourgades alentour, loua les services d'une dizaine de mendiantes et de femmes de voyage qu'il chargea d'évaluer la beauté des futures mariées. Le jour J, il se faisait accompagner d'une bande de malfrats, fondait sur le convoi et, pendant que ses compagnons dispersaient le cortège, il arrachait de sous le palanquin la vierge sans quitter son cheval, la calait sur la selle, fouettait la bête et disparaissait derrière le premier talus. Il ne manquait jamais de déposer discrètement sa proie quelques heures plus tard devant le domicile de son futur époux.

Tant qu'il s'attaquait à des filles de petite condition, le père de Yamna pouvait ne pas craindre les représailles et personne n'aurait eu le cran de le condamner. Les parents et le fiancé de la victime se résignaient à attendre, parfois jusqu'à l'aube, avant de voir la jeune fille déboucher de la colline, les pupilles révulsées, le corps dans le dos. Mais c'était une autre affaire lorsque Gadour s'en prenait à la progéniture de gros propriétaires fonciers. Car les hobereaux juraient de laver leur honneur dans le sang. Il fallait que le père de Gadour menât des pourparlers et concédât des pans entiers de ses terres afin de calmer l'ire des tribus. Certains géniteurs, estimant que leur honneur méritait mieux que des repentirs sous forme de concessions matérielles, sachant qu'ils ne pouvaient s'en prendre à la vie du fils Gadour sans mettre la plaine à feu et à sang, sautèrent un jour sur leurs montures et s'en allèrent se plaindre auprès du Bey de Tunis.

C'est ce que raconta Tounès à Yamna assise à califourchon dans son ventre, méditant la phrase avec laquelle sa mère avait coutume de terminer ses récits : « Si l'on devait un jour mettre la main sur ma vérité, c'est dans ta poitrine qu'il faudrait fouiller, mon bébé. Pourquoi toi, et pas une autre de tes sœurs ? Parce qu'il ne reste aux femmes, dont je suis, qu'un seul et unique privilège : choisir nous-mêmes les ayants droit du peu de biens que nous possédons : nos rêves et nos secrets. »

Sortie du ventre maternel, Yamna passa les premiers mois couchée dans un couffin. Des heures durant, elle suivait les allées et venues de Tounès au-dessus de sa tête, le visage exposé à la brise des tissus, l'horizon filant le long des arabesques de henné dessinées sur les chevilles de sa mère. Jusqu'au jour où elle tomba du panier, se mit sur ses pieds et suivit les bords de la mélia à travers les chambres. Tounès eut beau lui interdire de rester dans ses pattes, Yamna ne pouvait s'y résoudre.

Elle n'avait pas encore les mots pour expliquer à sa mère que, si elle gambadait dans son ombre, c'était pour rechercher les paysages dont elle l'avait entretenue jadis dans son giron. Les bras en mouvement de Tounès servaient à Yamna de destinations de voyage et sa ceinture en fils de couleur lui traçait la carte des pays lointains. Les rares rires de Tounès lui ouvraient la possibilité d'autres planètes, tandis que ses larmes glissaient dans sa gorge pour ressortir des décennies plus tard, lorsque Yamna les recracherait sur la figure de ses propres enfants sans qu'ils en sachent la raison.

Dès qu'elle fit ses premiers pas, Yamna dut toutefois se rendre à l'évidence : elle était déchue de son rang de confidente. Sa maman ne lui manifestait pas de préférence particulière et se comportait avec elle comme avec ses neuf autres filles, laissant les garçons, au nombre de quatre, grandir à leur guise, seul moyen efficace d'en faire des mâles. Toute l'énergie réprobatrice de Tounès se déversait sur ses gamines. Elle les battait à coups de ceinturon, de manches à balai, parfois d'un pilon de mortier en cuivre. De sorte que, le soir venu, les petites avaient pris l'habitude de compter les bosses, les bleus et les griffures qui lacéraient leur corps, comme si celui-ci devait servir de vase à dégorger les souffrances maternelles.

Les dix sœurs se réveillaient chaque jour à l'aube. Elles pétrissaient la pâte, balayaient l'étable et allumaient le four à pain, pendant que Tounès posait un gros chaudron sur trois pierres faisant office de cuisinière. Chacune gobait quatre œufs, avant de s'enduire le palais d'un verre d'huile d'olive, arrosée de *rfissa* faite de farine et de miel. L'après-midi, une fois les tâches ménagères terminées, les sœurs s'asseyaient dans le patio et chacune tirait vers son genou un sac de jute rempli d'amandes ou de noix qu'elle décortiquait et dont elle avalait les fruits par poignées.

Il n'y avait rien d'autre à faire, pour le reste. C'était l'époque où n'existaient ni la radio ni la télévision. Les filles de Tounès passaient leurs journées à voir les saisons glisser sur un carré du ciel de la taille d'un mouchoir. Elles ne percevaient du monde que ce que voulaient bien en ramener les caravanes nomades ou les gitanes espagnoles qui fourguaient en même temps que leurs tissus et verroteries les nouvelles des villes alentour, avant de repartir chargées de poules et de mesures de blé.

Sur cet horizon d'ennui se découpait la seule silhouette qui vaille l'intérêt. Celle de leur père. Son port princier, son élégance et ses yeux d'un jaune magnifique. Ses immenses rires chaque fois qu'un émissaire venait lui annoncer l'arrivée imminente de l'escadron du Bey pour l'occire. Gadour enfourchait alors son cheval et chassait de plus belle. Rien ne pouvait l'en dissuader, en effet. Ni le souverain de Tunis, ni sa tribu, ni son épouse, ni ses enfants, des femelles pour la plupart, que Tounès s'employait à fabriquer en série comme pour le sevrer du goût des femmes. Il prétendait que ses razzias sexuelles servaient d'antidote à la tristesse de la campagne et mettaient du sel dans son quotidien inchangé. Plus encore, elles démontraient que Dieu existe, puisque Gadour tâtait déjà de Ses houris du Paradis dont « l'hymen se referme après chaque labourage ». *Dixit* le saint Coran.

Au lieu de porter atteinte à sa réputation, le comportement de Gadour avait fini par lui tailler le costume du héros. Le pays le surnomma le Lion de la Vallée. Les bergers se mirent à composer des balades louant ses exploits sexuels, ses apparitions surprise au milieu des convois, son épée qui fonçait comme foudre sur proie, ses mains de chasseur hardi, son burnous qui servait de cache aux cœurs dérobés. Et toutes ces cuisses qu'il écartait et qui saignaient comme la crue entre les flancs de l'oued. Cette étreinte qui marquait en l'espace d'une nuit la vie des belles et les acheminait vers la mort ou la folie !

Sa légende prospéra jusqu'à atteindre les frontières voisines et son portrait de séducteur à l'élégance des émirs et au charme du Diable obséda nombre de jeunes filles. Sujet de scandale pour les uns, Gadour devenait matière à songes pour bien des demoiselles qui priaient dans le secret afin de devenir ses captives et ne convoler en mariage qu'après avoir saigné sous sa griffure. Sur la route qui les menait vers leur maître légitime, elles guettaient le hennissement du cheval, le cliquetis du fer, le nuage de poussière soulevé par un burnous en soie. Et elles pressaient la main sur leur cœur pour voir surgir l'époux de Tounès au milieu de leur folle attente.

Bientôt, les fiancées qui arrivèrent chez leur mari sans avoir été ravies par Gadour furent moquées, tandis que celles qu'il avait *visitées* avant leurs noces acquirent le prestige des femmes fatales.

À partir de l'âge de huit ans, il fut interdit à Yamna de sortir et, à l'instar de ses sœurs, elle attendit qu'un homme se présentât pour demander sa main.

Elle rêvassait des après-midi entières au destin des femmes de sa tribu. Se promettait de suivre l'exemple de son aïeule Charda si le destin la poussait dans les bras d'un homme qu'elle n'aimerait pas. Elle s'échapperait, courrait jusqu'au pôle opposé de la terre et glisserait entre les crêtes d'une montagne. Elle épouserait celui que son cœur élirait et qui lui offrirait son cœur tout entier. Les prouesses extra-conjugales de Gadour en avaient fait un époux infidèle, Yamna se jurait de gagner la réputation d'épouse parfaite et de ne jamais céder au charme de quiconque ressemblerait à son géniteur.

Ah ! s'il lui était donné de dire ses quatre vérités à son papa, elle n'aurait pas hésité ! Mais Allah aurait frappé Ebba d'un grand malheur, Sa préférence allant aux pères et non aux filles, tout le monde le savait.

Yamna se taisait donc. Et Gadour était assez intelligent pour remarquer le seul regard féminin levé sur lui, le seul que sa puissance n'avait pas contraint à la reddition. Le seul qu'il adulait.

C'était une nuit d'été, Tounès s'en souvenait très bien, elle avait vu arriver son mari avec, sur les épaules, un gros paquet enroulé dans un tapis. Quelque chose lui souffla que sa vie prenait un mauvais tournant.

— Couvre-moi ! dit Gadour.

Tounès connaissait le sens du mot. Protéger sous le manteau du silence. Ne pas faire scandale. L'homme qui n'avait cessé de violer le corps des femmes demandait qu'on ne viole pas son secret.

Gadour désigna la silhouette emmitouflée sous les motifs berbères telle une momie et se confessa. Depuis des semaines, il retrouvait la jeune Aljia dans la nuit noire. Elle faisait partie d'une troupe de musiciens nomades et devait reprendre la route, mais il ne supportait pas l'idée de s'en séparer. Alors, un soir, il était entré sous la tente où elle dormait tout près d'un corps qu'il n'avait pu identifier. Sans bruit, il avait découpé la natte au milieu, de façon à enrouler la femme et à l'emporter sur son dos sans réveiller la personne allongée à ses côtés.

Et voilà qu'il la mettait entre les mains de sa première épouse et réclamait qu'elle la reçoive comme s'il s'agissait de… d'elle-même. Aljia était la seule femme qui l'avait retenu, la dernière conquête, là où il venait de semer sa graine, son âme à donner en gage ! Certes, Tounès avait été son champ de labour et sa terre de fécondité ; sauf que son ventre ne servait plus à aimer, occupé qu'il était à enfanter, c'était de sa faute.

Tounès se tourna vers la nouvelle arrivée et, d'une main lente, glacée, déroula le tapis. Elle pensa alors : « Rien ne me sauvera plus ! »

Elle revint un instant plus tard avec une bassine d'eau et deux serviettes neuves. Pendant que Gadour la regardait faire, elle se pencha sur le corps de sa toute jeune coépouse et, doucement, elle frotta le grain délicat de la peau, nota la finesse du cou et le parfait arrondi des épaules. Elle effleura les seins ronds et fermes comme des grenades, dont elle fit le tour, lentement, ses doigts pressant sur les tétons, avant que ses mains ne glissent plus bas. Il sembla un moment à Tounès que c'était son propre corps qu'elle préparait pour l'amour, celui de l'« Autre » n'étant qu'un objet d'emprunt, une illusion. À moins que les deux corps ne fussent qu'un seul, exposé devant ces yeux masculins pleins à ras-bord de concupiscence.

Tounès se mit soudain à pleurer. Les larmes se déversèrent sur le ventre rond d'Aljia, coulèrent plus bas et, lorsqu'elles débouchèrent sur la clairière sombre et atteignirent le sexe, Tounès eut l'impression de se courber sur sa propre tombe. Elle se leva, sécha ses yeux et s'en alla chercher deux pots qu'elle posa à même le sol. Elle enduisit le corps d'une crème de petit-lait mélangé à l'essence de jasmin, trempa dans le deuxième pot une aiguille, écarta les seins et vint tracer un palmier à feuilles en éventail. Elle couvrit le dessin d'une poudre de magnésium, souffla dessus, se redressa et disparut.

Gadour la rejoignit à l'aube. Neuf mois plus tard, Tounès et Aljia furent prises des mêmes douleurs à quelques minutes d'intervalle.

La nuit était à son milieu lorsque les gémissements synchronisés des deux épouses de Gadour alertèrent le voisinage. Tounès et Aljia invoquaient les mêmes saints, à la même cadence, avec des mots identiques. La douleur les jetait parfois de leur chambre dans le patio commun. Elles rampaient l'une vers l'autre, se croisaient en rugissant comme des fauves et regagnaient leur natte dans le même tintamarre de cris et de prières. L'on eût dit une seule souffrance partagée entre deux corps ou un seul enfant cognant dans deux ventres différents. Lorsque le soleil fut au milieu du ciel, les poches des eaux se rompirent et deux filets crémeux se rejoignirent sur le sol.

C'est à ce moment seulement que Kabla poussa la porte. L'accoucheuse avait l'âge d'Ebba et l'humeur capricieuse de ses cieux. Ses mains avaient fourragé tant de vulves que les poignets avaient fondu et ses doigts, à force de racler les sols utérins, s'étaient teints d'un rouge indélébile qu'elle dissimulait sous des couches de henné et qui lui valait son surnom de « la Main rouge ». Une chose est sûre, si quelqu'un avait songé à coller bout à bout tous les cordons que Kabla avait coupés dans le village et ses environs, il aurait fabriqué la corde à ficeler la terre entière, affirme Yamna.

De cette femme haute comme une montagne qui avançait avec ses mains écarlates et bouchait de ses épaules le ciel, l'on connaissait aussi la chevelure dévoilée dont les mèches se perdaient parfois dans le ventre des mamans pour ressortir lors d'accouchements ultérieurs. Les enfants chutaient sur le tapis vermeil de ses paumes, protégés du monde par la persienne de sa crinière sombre et drue tel le voilage d'une maison close. C'est pour cette raison que les enfants d'Ebba ne pleuraient jamais en naissant, jure Yamna. Plaise à Dieu qu'ils ne fussent pas promis aux vocations occultes ou aux métiers de trottoir !

Été comme hiver, Kabla courait d'un enfantement à l'autre, juchée sur une mule, suant sous la canicule. On la voyait monter et descendre les collines, traverser les rivières, le buste droit, le front haut, une apparition bizarre et monstrueuse qui faisait mourir de peur ceux-là mêmes qu'elle faisait naître à la vie. Mais Kabla aimait son métier, plus que tout. Elle avait une préférence pour ces années où la terre était si féconde, les récoltes si généreuses que le ventre des villageoises se mettait à produire des enfants sans se soucier des délais ni du nombre requis par grossesse. Il lui arrivait ainsi d'extraire dix êtres à la fois, dont elle jetait la moitié dans un puits. Ou cette fois où elle sortit cinq corps agglutinés si étroitement qu'ils étaient tout cabossés et difformes. L'on eût dit un ballon piqué d'yeux, de bouches et de sexes frémissants. Ces années-là, submergée, Kabla ne dormait plus qu'une demi-heure par mois et affirmait que, si l'on venait à canaliser les litres de sueur dispensés par son corps, on en remplirait le fleuve Medjerda.

Elle arriva avec le nécessaire de son travail enserré dans une housse en poil de chameau, des trousses de différentes couleurs, des langes coupés dans des draps usés, du fil, des aiguilles, une paire de ciseaux à moitié rouillés et deux seaux qui, en cognant l'un contre l'autre, annonçaient son arrivée. Sa ceinture en cuir d'agneau était flanquée de poches, de fioles et d'étuis remplis de mixtures destinées à arrêter l'écoulement du sang, à cicatriser les parois, à ouvrir les yeux des bébés et à extirper de leur peau la graine du Diable. Il y en avait des vides aussi, dans lesquels elle glisserait tout à l'heure une larme de sang chaud, un bout de cordon et du liquide amniotique dont elle usait Dieu sait pour quoi.

Kabla avait accouché Tounès tant de fois qu'elle était certaine de ne rien ignorer de sa mécanique utérine. Quatorze gamins, ça vous transforme le ventre en terrain de glisse, ça vous livre les petits à bon port et sans incident de parcours. Tout naturellement donc, elle donna la priorité à la concubine. Aljia était à son premier accouchement, et là, le portail était bien scellé, les jointures neuves, le risque réel.

Elle poussa cette dernière vers le patio et la fit asseoir sur une chaise basse posée sur un trou creusé à même la terre battue. Elle lui attacha les bras dans le dos avec une corde et ordonna : « Cesse de te plaindre ! Tu ferais mieux d'invoquer l'assistance de Dieu ! » Aljia ne put égrener que quelques attributs d'Allah entre deux sanglots, quand la coutume voulait que le gynécée accompagne chaque contraction par l'invocation d'un saint et élève le son des prières à mesure que la douleur devient plus intense.

L'enfant se présentait par le siège et il y avait peu de chances qu'il se remette dans la position adéquate. Kabla se résolut alors à appeler les deux paysannes qui piaillaient dans la grange attenante, sachant qu'il serait vain de chercher secours auprès des filles de Tounès.

Elle somma ses auxiliaires improvisées de tenir Aljia par le dos pendant qu'elle presserait sur le ventre, épongea les gouttes de sueur qui tombaient de son front dans la fosse à naissance, batailla à l'aveugle, s'échinant à attraper le gosse par n'importe quel bout. Le morveux fuyait devant les doigts qui tentaient de le coincer, décidé à gratifier le monde de son derrière. Alors, Kabla ordonna aux paysannes de lâcher le dos pour venir peser avec elle sur le ventre. Les trois femmes poussèrent si fort que quelque chose sauta comme un bouchon dans le trou.

La manœuvre avait duré des heures et, lorsque le petit Habib daigna sortir, qu'il fut lavé et langé, il ne restait plus de temps pour sauver Tounès et son nouveau-né.

Kabla blêmit en pénétrant dans la chambre : elle découvrait Tounès gisant dans son sang, un petit être inerte entre les cuisses, la main posée sur la tête de sa dernière fille, Yamna, à qui elle faisait jurer : « Tu ne laisseras pas entrer sous ton toit une concubine, jamais ! »

Kabla n'eut plus qu'à éponger le sang de la mourante et à fermer ses paupières. Elle enfonça le délivre dans un des seaux et s'occupa des deux corps sans vie, allant et venant dans son ballet de chair et de ferraille.

Ainsi raconta Yamna.

Par un étrange tour du destin, les trois sœurs de Yamna encore célibataires furent demandées en mariage l'année qui suivit la mort de Tounès. Trois de ses frères partirent dans les bourgades voisines. C'est alors qu'une guerre larvée, silencieuse, mortelle, l'opposa à Aljia qu'elle tenait responsable de la mort de sa maman et de son bébé. Le désir de revanche lui tint de motif de patience et le chagrin contenu la dota, encore enfant, de la maturité d'une femme accomplie.

Très souvent, elle pensa à la dernière requête de sa mère, constatant avec surprise que l'approche de la mort avait remis Tounès dans la même disposition de confidence à son égard. Comme si, avant de partir, sa maman désirait replacer dans son ventre sa complice de naguère. Et Yamna ne sut s'il fallait s'en réjouir ou s'en alarmer. Mais elle n'oubliera jamais les derniers mots maternels : « Tu ne laisseras pas entrer sous ton toit une concubine ! »

Lorsque, quatre ans plus tard, les Chérif vinrent demander sa main, elle dit oui, comme sous l'ordre d'un Destin qui aurait pour visage Arem, sa future belle-mère qui lui confia, après son mariage, comment et pourquoi elle s'était juré d'en faire sa bru :

« Pour la huitième fois, j'accouchais d'un garçon et j'étais au bord du désespoir, raconta Arem. Il me tardait d'en finir avec les nausées, les évanouissements et la peur de perdre la vie à chaque grossesse. Et si je me prêtais encore au devoir du lit, ce n'était pas par plaisir, mais seulement dans l'espoir d'avoir une fille. Un être qui saurait reprendre mes gestes à l'identique et devinerait mes maux, qui sauverait ma vieillesse de la solitude et ferait de son cœur un abri pour mes secrets. Hélas ! À chaque accouchement, ma déception était à la mesure de ma douleur, lorsque je découvrais la maudite excroissance entre les jambes du nouveau-né. Personne ne me convaincra que les garçons servent à quelque chose, ni que les filles ont le déshonneur vissé au corps, encore moins qu'elles nourrissent en leur sein le scandale, comme le prétend l'imam dans ses prêches, nous accusant, nous les femmes, de manquer de raison et de foi, d'être enduites de la salive du Diable, menteuses et rusées, malveillantes et je ne sais quelles autres sornettes. J'appelle le courroux d'Allah sur Son imam !

« En vain ai-je consulté guérisseuses et voyantes, recouru aux médications, accroché des amulettes partout où pendait une branche ou s'élevait une poutre. Jusqu'au jour où l'une de mes cousines me suggéra de faire un vœu sur la tombe d'Askar, l'ancêtre de ton père réputé favoriser la naissance de bébés féminins. Tounès, ta maman, déjà mère de dix filles, en était la preuve.

« Un matin, j'ai poussé la porte du mausolée. C'est là que je t'ai vue pour la première fois, Yamna. Tu étais une gamine mais tu avais l'air sérieux des grandes personnes. Je me suis surprise à formuler ce vœu en t'observant : "Sidi Askar, si tu réalises mon espoir, je marierai la fille des Gadour à mon fils Farès !"

« C'est ainsi que ma petite Jalila est née. Un malheureux hasard a voulu qu'elle vînt au monde le jour où décédaient ta maman et son bébé. Mais je ne pouvais m'empêcher de fêter la naissance de ma poupée en allumant des cierges sous toutes les coupoles. Soixante-dix vaches et trente taureaux furent égorgés pour l'occasion au grand dam de cet idiot d'imam qui a failli s'étouffer en menaçant : "Cette Jalila, ce n'est tout de même pas la fille du Prophète !". »

Et Arem acheva son récit par un rire en cascade.

Yamna se souvint de ce que l'on disait à Ebba sur l'amour excessif de sa future belle-mère pour son nouveau-né et l'habitude qu'elle avait prise de convoquer ses huit garçons pour le leur faire admirer. Jalila gigotait dans une drôle de boîte taillée dans du bois laqué et incrusté de nacre, qu'on appelait « berceau ». Arem jurait qu'un régiment d'anges assurait la protection de sa fille et que, les rares fois où elle pleurait, ses larmes se transformaient dans l'obscurité en louis d'or ! Lorsque les dires de la « maison » de Chérif furent rapportés à l'imam, l'homme pleura et gémit : « A-t-on vu mahométan aduler un être de sexe féminin jusqu'à en faire une idole ! Sommes-nous revenus à l'époque de l'Ignorance[1] pour nous prosterner devant Allat et al-Uzza ![2] » Les Chérif eux-mêmes n'étaient pas loin de partager l'indignation du religieux, sauf Béchir. L'on surprenait en effet le fils de Arem et frère jumeau de Farès (*mon futur papa*) occupé à observer en cachette sa petite sœur qui semblait

1. On appelle ainsi l'époque qui a précédé l'avènement de l'islam.
2. Divinités féminines de l'époque anté-islamique.

le préférer au reste de la fratrie. Jalila souriait et agitait ses mains sous le regard du garçon, sa peau dégageait une odeur de lait fermenté et ses petites veines brillaient sur ses tendres cuisses.

L'on racontait aussi qu'Arem avait confectionné pour son enfant un trousseau digne d'une princesse, qui comprenait déjà les couvertures, les tapis et les ustensiles de son futur foyer conjugal. Elle faisait couper ses robes dans des tissus importés d'Italie et hébergeait à l'année une coiffeuse juive qui consacrait ses matinées à affubler la gamine de chignons si compliqués qu'on venait de toute la vallée s'extasier sur l'œuvre de la *hajjama*[1]. L'on s'étonnait des multiples rangs de tresses, des tours et détours des mèches enroulées sur les tempes de la jeune demoiselle, de la forêt de pinces et de fourches piquées dans sa tignasse d'un noir de jais. Et l'on humait l'odeur de la laque qui distillait dans les narines rurales l'âme pernicieuse de la ville et faisait tourner de l'œil nombre de paysannes.

Yamna savait par ses cousines que les mégères venaient chez Arem palper la soie sauvage et le doux taffetas, les bustiers cousus au niveau de la poitrine qu'on appelait « smocks », les cols à cravate de Jalila, ses corsets, ses jupes à volants, ses souliers à rubans, voire à pierres précieuses, qui faisaient dire que sa maman singeait les Infidèles. Et il y avait lieu de le croire si l'on en juge par la scène qui se passerait une décennie plus tard, lorsque Jalila serait présentée en cachette à Monsieur Joiffre par son frère Béchir et que le Français se baisserait pour une longue révérence tant la jeune fille ressemblait aux portraits de ses aïeux gaulois, avec chapeau, guirlandes et fanfreluches. Seule changeait la couleur des yeux et leur mystère.

« Un jour, continua Arem, une tante venue me rendre visite s'est exclamée en voyant Jalila pour la première fois : "Dieu ! comme elle ressemble à Yamna, la jeune fille de Gadour." Je me suis rappelé ma visite au mausolée d'Askar et la promesse que je lui avais faite.

1. Coiffeuse.

Le lendemain, j'ai envoyé mon mari demander ta main. C'est ainsi que tu as épousé mon fils Farès et que tu auras, si Dieu le veut, une ribambelle d'enfants. Prie seulement pour que ce soit des filles, c'est le plus bel affront qu'on puisse faire à nos ennemis.

— Nos ennemis ? »

Pour toute réponse, Arem s'esclaffa.

Plus tard, sa belle-mère ne se contenta pas de lui relater le passé de la famille, elle lui ouvrit son cœur, lui confiant par le menu ses joies et ses chagrins. Ce caractère bavard, ajouté à une obstination légendaire, était à l'opposé du portrait de Tounès et il aurait fort déplu à Yamna, si Arem n'était douée d'un rare talent de conteuse et d'une beauté qui lui valait le surnom de « la Lune ».

Il fallut gaver Yamna avant son mariage. Deux de ses sœurs s'y employèrent et revinrent dans ce dessein vivre sous le toit paternel. Elles enfermèrent la fiancée dans un *matmour*, un réduit creusé en sous-sol où ne rentrait pas le soleil. Disposèrent autour d'elle toutes sortes de mets comme chez les morts des peuples lointains. Yamna passa ainsi ses journées à manger, c'était tout ce qu'on lui demandait. Ses repas commençaient par les quatre œufs matinaux hérités du menu maternel, suivis d'un bol de miel et d'une cruche de petit-lait, de la semoule arrosée de beurre rance, du pain coupé en petits morceaux, malaxés avec des dattes, du sorgho, et de la *bsissa* parfumée de lentilles, de fenugrec, de thym, de coriandre et de boutons de roses. La future mariée grossissait à vue d'œil. À midi, elle finissait à peine son couscous nappé de raisins frais qu'elle voyait arriver la moitié d'un agneau accompagné de tomates et de poivrons farcis. Il y avait rarement du poulet et jamais de poisson, le premier était réservé aux métayers et, exceptionnellement, à sainte Charda, le poisson était une denrée inconnue dans la plaine. Ce n'est qu'à l'âge de soixante-dix ans que Yamna sentira pour la première fois de sa vie l'odeur d'un poisson, et elle vomira tout son cœur dans l'évier.

Au bout de trois semaines, Yamna fut incapable de soulever ses bras devenus aussi épais que des troncs d'arbres. Son ventre se modela en un mille-feuille de peaux qu'elle s'amusait à déplier et replier, pour passer le temps, en ôtant les débris de pain et les pelures qui s'y coinçaient. Ses fesses s'enrobèrent et s'arrondirent si amplement qu'elle ne put se retourner sans cogner les parois de son gîte, faire chuter une jarre ou la lampe à huile à proximité.

Le soir des noces, ses frères durent abattre un mur pour l'extraire de sa cave. Et il ne fallut pas moins d'un attelage de deux mules pour la porter, car aucun cheval n'aurait supporté sa corpulence. La contrée mesura le bonheur futur de Yamna au gras qui entourait ses hanches et se congratula en voyant son père Gadour, à qui revenait la tâche de la porter dans ses bras jusqu'à la chambre nuptiale, vaciller sous le poids de toute cette chair. Quelqu'un prétendit même que lorsque le pied de Yamna toucha terre, le taureau chargé de porter en équilibre sur ses cornes le globe terrestre faillit lâcher prise, manquant de peu faire basculer dans l'abîme l'humanité tout entière. La fête dura sept jours et sept nuits. Des quintaux d'or sortirent des coffres pour orner les nobles épouses. Des cheptels entiers furent sacrifiés. Des nuages d'encens mélangés aux fumées des méchouis et aux traînées de poudre des balles tirées en l'air s'échappèrent dans la vallée avant de venir se poser sur le sommet des montagnes alentour comme la calotte d'un imam.

Plus tard, dans la nuit, lorsque Farès rejoignit son épouse, il disparut dans son corps et elle passa son temps à le pousser plus bas pour qu'il creusât là où il était censé en faire une femme, d'après son intuition.

Ainsi raconta Yamna à qui de droit.

Farès avait la peau si claire et translucide qu'on se demandait d'où lui venait tant de blancheur pure… à moins qu'il ne descende pour moitié de la race des anges. Sa djebba battait les airs chaque fois qu'il s'en allait vers ses domaines, et c'était comme une apparition. L'homme avait belle carrure et les traits réguliers, sauf, peut-être, une légère proéminence du nez, un défaut qui, d'après sa mère, servait à le protéger du mauvais œil. Le lendemain de ses noces, Yamna put découvrir à la lumière du jour le sourire tendre de son époux, ses yeux couleur de miel, ses gestes assurés, et c'était comme un cadeau du ciel.

Elle l'aima dès l'instant où elle le vit.

Arem exhiba bientôt sous les yeux de sa belle-fille les dizaines de parchemins qui tapissaient ses coffres, pliés en cornes et rédigés avec une encre saupoudrée d'or, autant de trésors du passé dans lesquels les Chérif venaient humer l'odeur de leurs ancêtres et s'assurer des preuves de leur patrimoine foncier. Bien que ne sachant ni lire ni écrire, Yamna comprit que le flou qui entourait son ascendance à elle n'existait aucunement dans la famille de Farès, issue de lettrés et amateurs de la chose écrite. Les Chérif n'étaient pas peu fiers de compter le Prophète dans leur lignage et considéraient cette parenté comme un laisser-passer pour le Paradis. Leur arbre généalogique croulait sous les noms des saints de l'islam et s'enfonçait jusqu'aux origines les plus lointaines, revendiquant la paternité exclusive d'Adam auquel la branche la plus jeune préféra bientôt Zubaïr Ibn al-Awam, le propre cousin du Prophète, ce qui les fit songer au milieu du siècle dernier à demander leur part de barils de pétrole aux Saoudiens, estimant que ces chameliers du Golfe les avaient spoliés des nappes cendrées qui n'étaient autres que l'or éteint de leur ancêtre arabique !

Bref, alors que la famille de Yamna semblait faite de désirs et de chair, celle des Chérif se distinguait par son amour du savoir et par le nombre de Vertueux qu'elle comptait. L'on reconnaissait même à certains de ses membres le pouvoir d'accomplir des miracles, tel Amor, le cadet de Farès, appelé l'Invisible et capable de se déplacer sans être vu, ou l'oncle Farksi qui, un jour de forte tempête, périt écrasé sous le poids de ses livres.

Yamna ne pouvait que s'étonner de tels parcours et d'un si grand attachement au savoir, alors que, pas plus que son père, ses frères ne s'étaient jamais préoccupés des choses de l'esprit.

C'est ainsi que, ayant grandi avec la conviction de concentrer en sa personne toute la lignée maternelle, Yamna s'enorgueillit, en épousant Farès, d'unir des tribus venues du monde entier et des musulmans toutes catégories, saintes et pêcheurs, savants et amoureuses, *ins* et *jan*, créatures réelles et êtres de l'au-delà. Dans son sang coulerait désormais le fleuve d'Afrique et d'Arabie, et une force supérieure allait poser dans ses mains le sceptre du village, lequel menacerait, quelques décennies plus tard, de céder aux mœurs nouvelles et de ressembler en tout trait à la grande ville dont commençaient à parvenir déjà les nouvelles les plus inquiétantes : « Sais-tu, Yamna, que viendra le jour où l'on enseignera le mépris de la terre et où l'on détournera le cours des rivières, lui dit Arem sur son lit de mort. Une sorcière violera la noire substance de la nuit, percera les belles coupoles du ciel et fourguera les horizons dans des tiroirs. Elle établira le règne du béton, des mauvaises manières et des coutumes étrangères. Elle laissera sortir les femmes sans voile et les fera marcher à la manière des hommes. Elle versera dans les rues la suie du mensonge et la boue de l'indécence, Dieu préserve les musulmans ! »

« Ah ! si j'étais restée à Ebba, dira Yamna, bien plus tard encore, assise à Tunis comme une cariatide sur son lit de malade, rien de ce qu'a prédit ma belle-mère ne serait arrivé ! »

Au lendemain de son mariage, Yamna fit la connaissance de Jalila et de ses huit beaux-frères venus la féliciter, dont Béchir et

Amor. La rencontre ne dura qu'un instant où elle ne prononça pas un seul mot comme la tradition l'exigeait. Mais plus que la surprise inscrite dans le regard de Béchir, elle fut frappée par le feu qui couvait dans celui d'Amor et devant lequel elle se sentit sur le point de défaillir.

« Les yeux de ce garçon menacent d'évanouissement quiconque les fixe, lui expliqua sa belle-mère. C'est de naissance. J'accouchais de lui quand une main jeta dans le ciel des constellations si nettes et si intenses que j'entendis le bruit de leurs scintillements comme dans un jeu d'osselets. Lorsque mon bébé ouvrit les yeux, le ciel se vida de ses astres. Amor venait d'aspirer toutes les étoiles. Sept saisons à la suite, les nuits déroulèrent le tapis d'une obscurité par endroits trouée de petites étincelles, on eût dit la coquille vide de constellations disparues. »

Arem raconta que, penchée sur son fils pour l'allaiter, elle était si éblouie par son regard qu'il lui arrivait d'interposer un pan de sa mélia entre son visage et le sien. Certaines nuits, elle s'en aidait, comme on le ferait d'une bougie, pour se rendre dans la réserve où étaient rangés ses jarres, ses tamis et ses couscoussiers géants réservés aux mariages et aux enterrements.

Il fallait se rendre à l'évidence. Un grand feu couvait sous les paupières de son garçon. Un peu de la matière de Dieu versé dans cet iris qui aimantait les êtres tout autant que les objets. Les enfants le comprenaient plus que d'autres, refusant de jouer avec lui, tandis que les grands criaient à la sorcellerie. C'est pour cette raison qu'Amor avait pris l'habitude de se promener à l'intérieur de lui-même. On ne le surprenait jamais à provoquer une dispute ou à prononcer un vilain mot. Il s'en allait et revenait protégé par l'aiguille de son regard qui cousait les paupières sur son passage.

Un jour, il découvrit les liasses de papiers anciens qui tapissaient le coffre maternel et Arem le surprit courbé sur la paperasse, la lumière de ses yeux en flaques sur chaque mot, chaque ligne, comme si elle déchiffrait à sa place, alors qu'il ne fréquentait pas encore l'école coranique fondée par son grand-père.

C'est à cette période qu'il devint sûr que l'enfant portait en lui plus d'une énigme. Outre ses yeux qui déchiffraient l'écriture, il avait la faculté de disparaître et de réapparaître sans que l'on sache par quel subterfuge. Amor devenait transparent quand il le voulait. Ne restait de sa présence physique qu'un mince filet de lumière s'éteignant petit à petit selon la durée des absences. Arem avait déjà remarqué qu'elle pouvait le laisser dans une pièce fermée à clef et ne plus l'y retrouver. De même, il arrivait à ses frères de le voir entrer et, lorsque l'un d'eux l'appelait pour une quelconque affaire, il n'y avait plus trace de lui, personne ne pouvant affirmer l'avoir vu sortir.

Yamna n'allait pas tarder à en être témoin à son tour.

La porte se referma sur l'épouse de Farès. Très vite, les hommes oublièrent les traits de la gamine et les femmes se souvinrent à peine de la jeune mariée arrivée chez ses beaux-parents sur deux mules chargées d'un trousseau de toute merveille.

Yamna mit du cœur à l'ouvrage et apprit très vite à connaître sa nouvelle famille. Surtout, elle tomba amoureuse de Jalila qui avait l'âge qu'aurait eu sa sœur mort-née. Elle passa sa première année à s'occuper de la dernière de Arem, à jouer avec elle aux osselets, à lui fabriquer des poupées dans des tiges de roseau qu'elle habillait de chutes de tissu. La nuit, elle lui racontait des histoires que la gamine écoutait avec le sérieux d'une grande personne, le corps immobile, les yeux ailleurs. En élevant plus tard ses propres enfants, Yamna aurait l'impression d'avoir liquidé une bonne part de son capital d'affection au profit de Jalila. Elle aurait beau presser sur son cœur, ses quelques émois maternels iraient exclusivement à l'un de ses garçons, Raouf.

Pour le reste, elle obéissait sagement à sa belle-mère, craignait d'instinct Béchir lorsqu'il traversait le patio et se sentait chaque fois sur le point de tourner de l'œil en croisant Amor.

Les années passèrent. Arem mourut au cours d'un hiver froid et pluvieux. Yamna s'astreignit à une réclusion quasi totale. Non pas pour faire plaisir à son époux, c'était de sa propre volonté. L'idée ne lui serait pas venue de passer le seuil. Dieu a créé une terre pour les filles d'Ève, petite certes, mais tout le nécessaire y est, prétendait-elle. Les femmes y agencent le monde à leur manière et y règnent en maîtresses, qu'est-ce qu'elles iraient chercher sur la place du village ? Leurs journées sont bien remplies, leurs maris leur reviennent à l'heure du crépuscule, les petits appareillent sur leur giron, pourquoi songeraient-elles à voyager ou à rétrocéder le centre pour la périphérie ? À quoi servirait à Yamna d'aller recueillir l'eau des ruisseaux et le clair du jour quand son enfance avait amassé de quoi tenir une éternité ? Faire provision de nature était une consigne que les filles se transmettaient de génération en génération avant la prison à vie. Seule sa mère Tounès n'avait pas su en tenir compte. Yamna, quant à elle, avait usé de ses sept premières années pour faire son plein d'air libre et de bleu d'horizon, engranger dans ses yeux le noir profond des puits et dans ses oreilles le bruissement de la racine qui pousse et de l'épi qui se balance. Elle raconta à Jalila, en empruntant la voix de sa belle-mère qui lui léguait après sa mort, outre l'amour de sa fille unique, un trésor de proverbes et des lots de métaphores, elle raconta qu'elle avait ingurgité nombre de bulles du ciel, avalé des portions de clairières, fourré dans ses poches la laine des nuages, ouvert ses pores pour l'averse et enfermé sous ses paupières le soleil de midi. Elle désertait alors les murs, les cours et les étables pour courir, rouler dans le foin jusqu'à devenir une boule de paille, avant de grimper sur les crêtes des collines et de faire le pari avec sa sœur Mdella, d'un an plus âgée qu'elle, de compter toutes les feuilles des arbres plantés dans les vergers alentour. Elle avait passé des semaines juchée sur les troncs, sautant d'une branche à l'autre, la main comptant et recomptant, à se teindre de vert, oubliant la fatigue jusqu'à ne pas sentir le sommeil l'envahir. Elle s'endormait parfois debout, son corps enchevêtré dans les branches, sa respiration montant et descendant dans la poitrine des arbres. De sorte que, même au bout de plusieurs décennies, les jambes de Yamna ne furent pas près de s'ankyloser. Le mouvement continua de souffler dans son corps. Elle n'aurait pas fait de tentative de suicide pour raison de réclusion, bien au contraire : elle aurait mis fin à ses jours si quelqu'un l'avait forcée à sortir de sa maison.

Il faut dire que son sort d'épouse n'était point comparable à celui de sa sœur Mdella, justement. Gadour avait cédé cette dernière à cheikh Mokhtar en contrepartie de trois vergers et de leurs équivalents de source d'eau douce. Après son mariage, Mdella ne revit plus le ciel. Mokhtar commandait en tyran et, s'il consentait à ne pas prendre concubine, c'était par jalousie : il aurait préféré mourir plutôt que de voir sa femme en compagnie d'un autre être, fût-il du même sexe. C'est cette obsession qui le mena à considérer comme une bénédiction le fait que Mdella n'enfantât pas. Il aurait soupçonné son épouse de mettre ses enfants dans son lit. Outre qu'il l'avait enfermée à double tour, il avait posté un gardien devant la maison et entouré les murs de haies de figues de barbarie. Personne n'avait le droit de rentrer chez lui, et lorsqu'il envoyait le couffin de provisions, il fallait le monter au bout d'une corde jetée du toit. S'il avait possédé le pouvoir de faire taire les voix masculines dans la rue, Mokhtar l'aurait fait, car il pensait que leur timbre risquait de faire naître en sa femme le désir des hommes. Mais ce qui l'horrifiait davantage était que l'on perçoive sa voix à elle, c'était comme de la voir nue, la toucher, la posséder. Ainsi en vint-il à lui imposer le chuchotement et à compter le nombre de phrases qu'elle prononçait, comme aux prisonniers les permissions. Malgré cela, lorsque, la nuit, Mokhtar s'approchait de son épouse, le doute le saisissait. Dans sa tête, la trahison des femmes est si ancrée, leur penchant pour l'infidélité si naturel que Mdella ne pouvait faire exception en échappant au travers de son sexe. C'est alors qu'il résolut de la faire coudre chaque matin avant de quitter la maison et de la découdre le soir avant de se mettre sur elle. Il avait recours pour cette tâche à une vieille tante muette et sourde dont les mains, à force de faire saigner le vagin de Mdella, avaient fini par ressembler à celles de Kabla l'accoucheuse.

Tel ne fut pas le cas de Yamna, donc. Elle assure qu'elle aima Farès dès le premier instant où elle leva sur lui son regard et que Farès l'aima dès qu'il fit chuter son voile sur le sol. Son bon mari s'employa à lui plaire, aussi. Chaque fois qu'il partait dans la grande ville, il consacrait une journée entière à lui choisir ses tissus et ses senteurs préférées, la plus belle bague du souk, le plus joli *abroug*[1], son nécessaire de teintures et d'écorce de noyer pour se rougir les gencives, ses fioles de musc, ses bâtons de khôl et même un parfum français, *Rêve d'or*, qu'elle réclama plus tard à sa fille, celle qui eut la mauvaise idée d'aller vivre chez les Infidèles.

Je lui rapportais son parfum préféré, effectivement, après avoir couru les artères de Paris, cette fragrance n'existant que chez Tati, seule enseigne à miser sur la fièvre acheteuse des immigrés dont je suis.

Yamna assure également que, de retour par le train de nuit, Farès la réveillait pour lui tendre ses cadeaux avant de la serrer contre lui. Il ne fallait surtout pas faire de bruit, leurs enfants dormaient à côté. Plus tard, si elle a continué d'exiger des fruits en toute saison c'est parce que son époux avait pris l'habitude de lui ramener « le raisin par les nuits d'hiver » et « la figue par les sentiers enneigés » : « Je n'avais qu'à demander ! »

Pour autant, Yamna et Farès ne se touchaient jamais en public, ni ne laissaient percevoir le moindre signe de leurs retrouvailles nocturnes. N'étaient les mots que son époux prononçait dans ses

1. Écharpe ample et colorée.

rêves – Yamna, mon trésor ! –, personne n'aurait jamais rien su de l'amour qui les unissait pour toujours.

Jeune fille déjà, Yamna avait entendu parler de Béchir. Le tempérament rebelle de son futur beau-frère, son arrogance et son amitié scandaleuse avec le Français Joiffre alimentaient la chronique d'Ebba depuis des années. Alors que Farès s'apprêtait à hériter de son père le titre de Cheikh, ajouté à la fonction de notaire chargé des registres civils du village, Béchir s'occupait de faire connaissance avec la France sans remords aucun. Il se fichait de la réputation de la famille et des états d'âme de ses semblables, ne concevant point de honte à rechercher l'amitié des colons, fussent-ils accusés de spolier la terre de ses ancêtres et de porter atteinte à la religion des musulmans.

Car le bruit avait bel et bien couru sur ces Nazaréens venus convertir les villageois à la foi de Jésus et, avant même qu'un seul feutre n'apparût à l'horizon, l'on se répandit à Ebba sur ces singes blancs qui avaient la particularité de laisser pendre des bouts de tissu à leur cou, de chausser de drôles de souliers noirs et d'exprimer leur satisfaction en frappant une main sur l'autre. Ils pousseraient le ridicule jusqu'à appeler à la prière par la voix des machines et ne se laveraient pas le cul à l'eau claire !

Ces racontars n'avaient fait qu'augmenter la curiosité de Béchir envers les nouveaux arrivants. Jusqu'au jour où Monsieur Joiffre avait arrêté sa calèche devant la maison des Chérif. Béchir sut alors que ce n'était pas pour confisquer les terres de sa famille, le Français informait, tout simplement, qu'il s'installait non loin et cherchait à embaucher des domestiques.

Yamna savait par son père que la Régence avait décidé de diviser les domaines de manière à épargner les gros agriculteurs. Ces derniers étaient capables de lever leurs tribus afin de défendre les biens *habous*[1] contre une spoliation d'autant plus sacrilège qu'elle menaçait à leurs yeux de faire tomber le patrimoine des musulmans dans les mains des *kafir*[2]. Les petits paysans requéraient moins d'égards. L'on avait résolu de coudre bout à bout leurs parcelles pour en confectionner de grands domaines au bénéfice des colons.

Une série de suicides avait alors frappé le pays. Yamna était encore enfant. Tous les jours que Dieu fait, on découvrait le corps d'un paysan pendu ou gisant sur une botte de foin écarlate. Une chance que le train n'existât pas encore, la moitié des fellahs auraient péri sous les rails. Le chagrin en était venu à s'engouffrer dans le ventre des femmes qui cessèrent soudain d'enfanter. Et le ciel s'était mis de la partie. Il avait glissé dans un tissu au bleu si sec que les prières avaient échoué à l'essorer et il n'en tombait, en guise de pluie, que des jets de feu enrobés de poussière.

Lorsque, alerté par cette vague de sinistres, le Bey de Tunis avait envoyé un juge d'instruction escorté par un détachement de soldats, l'on avait cru à Ebba qu'il s'agissait de capturer Gadour, avant d'être informé du vrai motif de cette visite. Le bourg était sorti tout entier pour signifier aux émissaires beylicaux qu'ils n'étaient pas les bienvenus. Les villageois régleraient leurs litiges fonciers en tête à tête avec les envahisseurs. L'on n'avait pas attendu les rejetons des villes au sang à moitié ottoman pour trouver solution aux authentiques descendants de Massinissa le Berbère. Les plus fragiles avaient choisi la mort, ceux qui restaient négocieraient avec la vie. Et comme le juge juché sur son cheval avait persisté à dicter les consignes du souverain, quelqu'un lui avait jeté une première pierre. L'escadron ne dut sa survie qu'à la vitesse prodigieuse de ses montures. Il ne reviendrait à Ebba que bien des années plus tard, enfin, si l'on en croit les affirmations mensongères de certains esprits malveillants…

1. Biens fonciers régis par la loi musulmane au profit de la communauté.
2. Mécréants.

Le pays avait désormais vécu en tenailles entre la loi intraitable des tribus et la volonté silencieuse et ferme des envahisseurs. Les puits furent partagés et les champs morcelés. Les petits paysans durent s'engager comme métayers chez ceux qui venaient de s'emparer de leurs terres. Hormis Monsieur Joiffre, les étrangers, en grande partie célibataires, s'installèrent à un vol d'oiseau d'Ebba. L'on disait que c'était des gens aguerris au combat, échappés du bagne pour la plupart, et que la France se débarrassait d'eux chez d'autres peuples, comme on se débarrasse des objets défectueux dans les décharges.

Le jour où l'on avait vu le premier ruban de chapeau féminin se promener sous les cieux arabes, le mausolée du village fut plein à craquer. Pour la première fois, les hommes s'étaient adressés à Dieu, non pas pour la prière de la pluie mais pour se prémunir contre le péril de ces femelles dévoilées qui auguraient des temps sacrilèges.

Béchir n'était pas homme à se laisser tenter par les femmes des Nazaréens, toutefois. Seul Monsieur Joiffre le fascinait. Il abandonna à son frère jumeau les champs et les vergers familiaux pour espionner le Français maintenant installé à quelques encablures. Il le guetta, enregistra ses allées et venues, passa devant ses verrières à la tombée de la nuit. Il l'observa en train de nourrir deux chiennes au pelage blanc. Le vit se balancer sur une chaise longue en feuilletant des piles de livres à la lumière d'une lampe à gaz. Jusqu'à cette nuit où il se fit surprendre le front collé sur la vitre. Le Français ne parut pas étonné de cette surveillance, ni offusqué par cette intrusion, il invita même le fils des Chérif à entrer, lui servit un drôle de breuvage, parla un arabe sans accent, lui apprit qu'il venait d'être envoyé par la Régence pour étudier la mise en route du chemin de fer.

De ce jour, les deux hommes ne se quittèrent plus. Béchir accompagna Monsieur Joiffre dans des battues. Le Français lui apprit la chasse au sanglier et lui donna le goût des belles liqueurs qu'il entreposait précautionneusement dans une réserve en sous-sol :

« C'est si précieux que ça ? » demandait Béchir pour qui seul l'or des aïeules et leur dépouille méritaient de dormir dans le giron de la terre. « Pour bien traiter l'alcool, il faut le conserver à bonne température et les caves sont faites à cet usage », répondait tout simplement Monsieur Joiffre.

Le village jugea d'un mauvais œil le comportement du frère jumeau de Farès et une délégation précédée par l'imam était venue voir son père encore en vie. Cet épisode eut lieu un an avant le mariage de Yamna. Un musulman ne peut aller et venir chez un chrétien, manger de sa nourriture, pire, souiller sa bouche de la boisson interdite par le Coran, allégua le religieux. Le patriarche promit de sévir, mais il n'en eut pas le temps, il mourut un mois plus tard, du même mal qui terrassait sa famille depuis des générations.

La colère contre Béchir s'apaisa lorsque la terre recommença à donner du blé et que Yamna lui en lança le signal. Elle venait, en effet, d'accoucher de son premier fils, Tahar. Les femmes se remirent à concevoir des bébés à deux mains et deux jambes. Kabla ne sut plus où donner de la tête. Les jeunes filles coururent se cacher de la lumière pour arriver chez leur mari la peau blanche et l'amande dodue. Les noces furent aussi nombreuses que les épis de blé qui pliaient joyeusement sous le poids des graines pleines. L'année suivante, Yamna engendra une fille. Elle eut onze enfants en tout, dont quatre garçons et quatre filles resteront en vie, les autres mourront à la naissance.

En ces années-là (*je suppose que c'est le milieu des années trente*), pendant que Béchir chevauchait aux côtés de Joiffre chassant le lièvre et le sanglier, l'on rapporta à Yamna que son père venait de renouer avec ses battues d'un autre genre. Gadour rompait commerce avec Aljia, convaincu que sa libido avait besoin de sang jeune maintenant que, pour compter son âge, il lui fallait faire plusieurs fois le tour de ses dix doigts. Et Yamna ne sut s'il fallait s'en réjouir ou s'en attrister…

Elle accouchait de Toufik quand Farès tomba malade. Tout le monde craignit le pire et Béchir prit l'initiative d'aller consulter Monsieur Joiffre. Après avoir écouté le détail des symptômes, celui-ci diagnostiqua une intoxication alimentaire, recommanda de boire beaucoup d'eau et fit parvenir au patient deux comprimés dont l'effet fut si immédiat que Farès se retrouva sur pied dans l'heure qui suivait.

De cet épisode naquit l'amour légendaire du mari de Yamna (*mon futur père*) pour les médicaments. Le lendemain même, il envoya chercher chez le Français quelques comprimés à garder en souvenir. Il les cacha soigneusement au fond d'un petit couffin dont il adopta l'usage définitif une année plus tard, lorsqu'il se fit soigner d'une verrue par un docteur dépêché de Tunis auprès du chef d'une tribu voisine. Pendant toute la période où ce toubib chauve et portant monocle demeura dans la région, Farès l'invita à déjeuner chez lui, au moins cinq fois par semaine, conformément à sa passion pour les convives. Il en profita pour s'enquérir des bienfaits de la médecine, des causes et des conséquences des maladies, mais aussi des fonctions du corps humain. Yamna servait son savoureux couscous de derrière les rideaux, jetait un œil par la serrure et ne perdait mot d'une conversation qui rendait ses gestes revêches et son humeur acariâtre. Elle détestait ces charlatans des villes, cette autre catégorie d'Infidèles !

En vain aurait-elle tenté de faire entendre raison à son époux. Farès ne jurait que par le médecin dont il buvait paroles et solutions médicamenteuses avec le même appétit. Bientôt, il ne se déplaça que flanqué d'un panier tressé dans de la paille et muni de deux anses en cuir vert dont il avait fait une pharmacie portative et auquel on le reconnaissait davantage qu'à son chèche. Lorsqu'il arrivait sur la place du village les mains libres, on le lui faisait remarquer, il rebroussait chemin ou envoyait un de ses fils le lui rapporter.

Le couffin était devenu le prolongement de son bras, sa béquille, son pourvoyeur de salut contre la maladie et la mort. Il le posait sur son genou et pendant que, d'une main, il jouait aux cartes, lisait le Coran, ou inscrivait une date de naissance, il caressait de l'autre les plaquettes remplies de pilules ou de suppositoires fabriqués par les roumis, les fioles gluantes de sirop, les flacons à respirer, deux ou trois thermomètres, les bobines de sparadrap et bien d'autres médications enfouies dans cette petite cale où il pensait déposer les seuls miracles de la modernité qui méritaient d'être testés. Certains médicaments étaient périmés depuis belle lurette, il ne pouvait se résoudre à les jeter. Il les poussait plus au fond, un jour il en aurait besoin. Il prit l'habitude de sucer les pilules tels des bonbons lorsqu'il voulait s'empêcher de fumer ou pour différer l'heure des repas. Changeait de dose à sa guise et il lui arrivait d'obliger un ami ou un voisin à goûter de la même substance médicamenteuse par devoir de générosité.

Il se passionna pour le déchiffrage des posologies davantage que pour le sens des sourates, et il abandonna ses registres d'état civil au profit des livres d'anatomie. Le village dut à cette investigation méticuleuse le flou qui entoura les dates de naissance d'une génération d'Ebbois que l'époux de Yamna oubliait de consigner. Il était occupé à faire venir de la capitale, en les payant une fortune, des ouvrages dont il ne comprenait que les images. Il passait ses nuits à regarder le squelette humain sous une lampe à huile, y voyageait comme sur un continent, s'aventurant dans les venelles étroites et sous les colonnes sombres, admirant les arrondis et les coupoles, les ruisseaux et les failles, les couloirs d'accès et les impasses, le marbre de l'os, la dentelle bleue des veines, tant et si bien, raconta Yamna, qu'il perdit la réalité de son propre corps.

Un jour, Farès alla voir le plus érudit de ses frères, Farksi, avec croquis et tablettes dans son couffin. Celui-ci répondit qu'il ne comprenait pas l'écriture des Croisés ni leurs graffitis et que, personnellement, il ne se préoccupait pas de son corps mais de son âme.

Farès revint à la maison en fulminant, ce qui n'était pas dans ses habitudes. Il installa son dernier fils, Toufik, dans le champ de son regard et essaya de coucher sa silhouette sur papier. Hélas ! L'exercice ne l'éclaira pas sur l'interaction des organes, leur altération, la façon dont ils communiquaient, la soudaineté de leur rupture. L'imam qui passait par là lui promit la géhenne, l'accusant d'imiter l'œuvre d'Allah en dessinant Ses créatures. Venant du descendant des Chérif, c'était un comble ! « Bientôt, tout le village pensera que tu as abandonné l'adoration du Seigneur pour la corporation des médecins », avertit le religieux, avant de tourner les babouches.

Farès conçut alors l'idée de monter en ville pour faire plus ample connaissance avec dame Médecine. Il attendit la récolte, vendit le blé, serra sous son épaule un tamis rempli d'or et fouetta prestement son cheval. Pendant que d'autres provinciaux faisaient le tour des bordels de la médina de Tunis, ou se perdaient dans les artères fraîchement bâties par les colons, la bouche grande ouverte devant les réverbères à gaz, ou le nez collé aux vitrines rutilantes de la porte de France, Farès visitait les cabinets de médecin, l'un après l'autre. Parfois, il consacrait la journée à l'exploration d'un grand hôpital. Les docteurs n'osaient jamais refuser de recevoir cet homme qui se distinguait par les marques du voyageur étranger, habillé qui plus est comme un prince berbère et coiffé de la poussière sacrée de la terre nourricière ; ce monsieur au chèche d'une blancheur aussi pure que l'hymen des jeunes filles et dont le boléro finement brodé portait une grande poche cousue sur le cœur où étaient enfouis des louis d'or.

Farès croyait qu'on saluait les médecins en leur embrassant la main. Il se baissait et appliquait ses lèvres sur les doigts faiseurs de miracles. Humait avec joie les senteurs de l'éther et le camphre des suppositoires. S'abîmait dans l'étincellement des sols et des murs. Voulait absolument toucher à tout le matériel présent. Il s'inventait plusieurs maladies, payait double pour qu'on le garde le double du temps et revenait à Ebba avec ses trésors pharmaceutiques – au milieu des cadeaux destinés à son épouse – qu'il consommait pour moitié, gardant l'autre en prévision de pénuries ou des mauvais jours.

À défaut de construire un hospice, Farès se mit en tête de faire de son troisième fils, Toufik, un futur docteur de renom. Il paya des gamins pour déterrer un crâne au cimetière mais, lorsqu'il le mit sous les yeux du petit, il le vit détaler à toutes jambes. Il tenta de l'édifier sur le courage qu'il y a à regarder la mort en face et lui apprit l'enseignement du Coran recommandant à tout bon musulman de « chercher la science jusqu'en Chine ». Dans la foulée, il lui fit jurer de suivre des études de médecine, oubliant qu'Ebba ne disposait même pas d'une école autre que la medersa de la mosquée où l'on apprenait le Coran uniquement. C'est ainsi que Toufik se trouva des années plus tard à la faculté de médecine, avant de découvrir sa passion pour la mécanique et de s'enfermer comme oncle Farksi jadis avec ses bouquins, pour étudier les secrets des moteurs et des antennes, des piles et des embranchements qui produisaient des sons du tonnerre et montraient des images à vous guérir des maladies !

Pour sa part, Yamna interdisait à ses enfants de mettre la main dans le couffin paternel, affirmant que des serpents grouillaient au fond et que, s'ils les mordaient, leur corps ne trouverait pas de tombe assez grande pour contenir leur sépulture. Mon père répliquait que, si sa femme ne voulait pas le voir prendre concubine, elle avait intérêt à le laisser fréquenter dame Médecine et accepter qu'il lui offrît en sacrifice l'un de ses enfants. Yamna ne prenait pas la peine de répondre, persuadée que, à supposer que la modernité apporte quelque progrès, le plus urgent serait de supprimer les concubines…

Tenant à remercier le Français pour le miracle médical accompli au bénéfice de son frère jumeau, et plus généralement pour l'amitié qui les unissait, Béchir conçut le projet extravagant de permettre au Nazaréen de zyeuter secrètement l'anatomie d'une musulmane, en l'occurrence sa propre sœur.

Il prétexta une promenade à la faveur de la nuit, s'engouffra dans l'obscurité avec Jalila qui approchait alors de ses quatorze ans et qui n'était plus autorisée à sortir. Marchant derrière son aîné, couverte de la tête aux pieds, la jeune demoiselle observa sa belle carrure et son burnous qui se soulevait comme les ailes d'un goéland. Elle eut l'impression que Béchir l'observait aussi, de dos, comme s'il avait gravé à jamais son regard dans son corps depuis ces années de berceau, quand il venait la border doucement et scrutait les petites veines bleues qui s'en allaient jusqu'en haut de ses cuisses.

Béchir prit un chemin dérobé et vint frapper chez Joiffre. Le Français ouvrit et attendit debout au milieu du salon. Béchir s'approcha et, doucement, leva le voile. Jalila apparut. Elle portait une robe safran aux manches bouffantes et au décolleté plongeant. Des perles paraient sa nuque dont se dégageaient ses cheveux relevés en chignon, tout en vagues et frisottis. Sous la taille serrée dans un corset, l'on devinait les tiges de la crinoline qui gonflait la jupe, laquelle descendait jusqu'aux chevilles pour recouvrir à moitié des souliers de satin.

Joiffre regarda, soupira et se baissa jusqu'au sol. Sitôt la révérence faite, Béchir recouvrit sa sœur de son voile, lui fit signe de le suivre et repartit sans qu'aucun mot ne fût échangé. Ce n'est qu'une fois sur le seuil que Jalila se retourna et commit le péché de regarder l'étranger.

Le lendemain de cette visite, la jeune fille cracha du sang, s'alita et mourut.

De ce jour, Yamna ne vit plus son beau-frère qu'à moitié éméché. Elle sut qu'il avait abandonné l'intendance de ses domaines et ne quittait plus Monsieur Joiffre, servant de compagnon à ses parties de chasse, ou chevauchant à ses côtés dans des virées qui les menaient jusqu'à la frontière algérienne. Le Français demandait alors à voir certains chefs de zaouïas avec lesquels il se retirait sous une tente ou derrière un talus, laissant Béchir à l'écart, avant de le retrouver un peu plus tard pour rebrousser chemin vers Ebba.

En vérité, les faits et gestes du Français passionnaient moins Béchir que la conversation qu'il aimait engager avec lui. L'Arabe et le Nazaréen discutaient de tout, des océans lointains aux puits les plus proches, de l'extraction des minerais aux nouvelles techniques de labourage, voire de la beauté des Ouled Naïl, cette tribu réputée pour ses filles aux mœurs légères dont on disait que Aljia, la deuxième épouse de Gadour, était issue.

Quand on en venait au projet de chemin de fer, Béchir assurait qu'il se fichait des champs des ancêtres, ce qui l'intéressait, c'était le train dont il aiderait Joiffre à tracer le sillon, promis juré.

Il ne cherchait même pas les raisons pour lesquelles le Français caressait un tel dessein, ni en quoi faire rouler des locomotives pourrait changer son propre destin. Il trouvait motif d'oublier la mort de Jalila, écoutait religieusement son ami, l'assurait de sa collaboration, et ce malgré le vent de haine qui soufflait à cette époque contre les colonisateurs. On disait, en effet, que les roumis avaient définitivement souillé les cieux musulmans en y érigeant des cloches qui faisaient un tel tintamarre sous la voûte d'Allah ! Ils auraient bu l'eau des ruisseaux, recraché des barrages et, écoutez bien, ils auraient élevé des troupeaux de cochons qui, la nuit, se transformaient en viles créatures et se ruaient dans la couche des musulmanes. L'imam d'Ebba consacra un prêche spécial au cochon. Il affirma que cet animal était à l'origine une créature humaine qu'Allah avait punie en lui donnant des traits affreux. Il suffisait d'en ouvrir les viscères et de regarder de près, tout ressemble à l'homme dans le cochon. Il ajouta : « Sachez aussi que cette bête immonde est la seule créature qui consent à partager sa femelle avec un autre mâle. Vous imaginez ? C'est comme si vous offriez vos épouses à d'autres hommes sans en ressentir le moindre sentiment de jalousie ! »

Il n'en fallait pas plus pour condamner à la haine tout autant le chrétien que son animal emblématique.

Béchir contre-attaqua à sa façon. Le lundi, jour de marché, il convoqua les villageois et se mit à vanter le cadeau que Monsieur Joiffre s'apprêtait à leur offrir, une machine qui broierait l'espace, enroulerait et déroulerait le temps, mieux que les quenouilles de leurs fatmas. Elle avalerait les hectares comme une bouchée de pain, serpenterait au milieu des paysages, plus leste que le vent dans les buissons, ferait un joli rouleau des collines et des bosquets, ne s'arrêtant que sous l'ordre de l'homme, le seul être qu'elle respectait jusqu'à le porter sur son dos pour toute destination.

C'est à lui que revint la charge de surveiller l'avancement des travaux. Le beau-frère de Yamna commanda à une centaine d'ouvriers qui débarquèrent un soir sans crier gare et dont l'habillement déclencha l'hilarité : ils étaient vêtus de pantalons bleus qui leur montaient jusqu'aux épaules et de chapeaux en tissu bariolé pourvus d'une languette cachant la moitié du visage. Surtout, ils parlaient un dialecte que le fils des Chérif saisissait à peine.

Au bout de deux ans, le village fut doté d'une ligne ferroviaire et cette mâchoire de fer l'enserra si fort qu'il n'entendit plus le vacarme du reste de la planète. Le train était une drôle de bête, pourvue d'une gueule énorme et de narines qui crachaient le feu et la flamme. Il était muni de milliers de pattes en acier, d'une colonne à disques phosphorescents montée sur une nervure en métal, et il tirait une grosse bedaine saucissonnée en plusieurs quartiers qui filaient sur une trajectoire aussi infaillible que le Destin.

Pendant des mois, le village assista aux manœuvres, puis aux départs et aux arrivées du monstre, mais aucun n'osa mettre un pied dessus, craignant la fureur chaude qui giclait de son ventre. En outre, dompter la bête exposait à l'emprunter pour de longs voyages et personne ne se serait risqué à provoquer le courroux des ancêtres en s'éloignant de leur tombe. Hormis quelques têtes brûlées, dont Hamma et Hamma, les deux fous du village, d'aucuns savaient qu'Ebba était le dernier arrêt sur terre et que nul ne pouvait songer à pousser plus loin sous peine de chuter dans l'Abîme.

La présence d'ouvriers étrangers intensifia la surveillance des femmes qui furent enfermées à double tour. Ce qui n'empêcha pas certaines d'entre elles de s'échapper la nuit par les toits pour aller faire connaissance avec la machine quand ce n'était pas avec ses fabricants. Les relents du scandale arrivaient le matin chez Yamna, aussi fétides et noirs que la suie de l'engin moderne. L'épouse de Farès crachait dans ses mains et prononçait la formule maudissant les créatures de son sexe qui osaient lever le couvercle sur la plus belle perle du monde cachée sous leur corps : leur hymen.

Pendant que Gadour chassait la vierge, son dernier fils, Habib, passait ses journées à se balancer sur les branches des arbres ou à surveiller la ligne du ciel, à moins qu'il ne se penchât dangereusement sur les puits, jusqu'à ce qu'un paysan vienne le chasser de crainte que son regard ne finisse par gâter l'eau et empoisonner les bêtes et les hommes. Le garçon avait en effet des yeux de couleur différente, l'un marron, l'autre vert, ce qui l'affublait d'une étrangeté supplémentaire. Les villageois, grands et petits, se déplaçaient exprès pour le scruter, comme s'il s'agissait d'un monstre de cirque. Il n'en avait cure, donnant l'impression de ne rien entendre du monde autour, sauf lorsqu'il percevait des voix féminines derrière les murs de Yamna, surtout du temps où Jalila vivait encore. Ses yeux s'illuminaient alors avant de se refermer sur leur solitude.

Yamna connaissait plus que d'autres la rengaine que le village opposait à Habib et s'y complaisait : « Aljia la *Hattaya*[1] mentait à coup

1. Nomade.

sûr. Femme de mauvais cœur, ramassée un soir de lune souillée, et ramenée comme les catins pour prendre la place de Tounès la noble aux parchemins ancestraux, la fille des tribus aux vertus consacrées, aux bras faiseurs de miracles, aux cœurs lavés de la souillure par les soins de Noé ! Aljia a dû fauter avec quelque saltimbanque, sinon comment expliquer les yeux bizarres de l'enfant ? Gadour n'est pas le vrai père. Pauvre homme ! Ses torts ne seraient jamais à la mesure de l'ignominie des femmes ! » Et le village d'oublier les frasques du père pour se concentrer sur les défauts du fils, lequel se jurait, en fouillant le fond des puits, de donner un jour la preuve qu'il était bien le descendant de son paternel. Il n'avait alors que dix ans. Quatre ans plus tard, en marchant parmi les hommes dans le cortège funèbre de Jalila, il eut pour la première fois une forte envie de partir très loin.

Mais il différa son projet pour aller rendre visite à Amor, le frère de Farès, qu'on disait de retour après une longue absence. Celui-ci avait disparu sans crier gare avec tous les documents qui contenaient l'histoire de la famille, la liste des aïeux et leurs prodiges. Jadis, Arem avait son idée quant aux disparitions répétées de son fils. Il aurait hérité de ses ancêtres l'amour du savoir et le devoir de servir Dieu. Toutes les sept générations, il naissait aux Chérif un vertueux *wali saleh*[1]. La baraka était sans doute tombée conjointement dans les yeux et le cœur d'Amor. Il reviendrait auréolé de la couronne de la sainteté. Et il revint, en effet, après avoir couru le pays enveloppé dans une peau de mouton, les pieds nus. Yamna accouchait alors de Raouf et le chantier du train était achevé.

Habib vit Amor traverser le bourg les cheveux en broussaille, le visage tellement amaigri qu'il n'y restait que le regard, insoutenable. Le fils des Chérif se dirigea vers la maison paternelle, y dormit sept jours et sept nuits sans discontinuer. Au huitième jour, Habib le découvrit en train de haranguer la foule, les bords de sa

1. Saint.

djebba retroussés, expliquant la raison de son retour. Sidi Chérif, son ancêtre, lui était apparu en rêve, le visage en larmes, le corps en sang à cause des milliers de chacals qui se nourrissaient à même sa peau : « Ainsi, Amor, tu pars loin alors que c'est moi que tu cherches ! Tu quêtes le salut, alors qu'il est entre tes mains. Reviens pour protéger mon corps du froid de la pierre et mon âme de l'oubli des fidèles ! » Amor en avait conclu, tout naturellement, qu'il lui fallait rebâtir le mausolée de l'aïeul et le crépir à chaux. Il demanda à tous de l'aider, y compris Habib.

Alors que Béchir suivait les manœuvres de la machine censée donner le signal du progrès, son frère Amor lançait le chantier destiné à donner du lustre à la mémoire des anciens. Habib s'activa au milieu d'une vingtaine de volontaires persuadés de faire quelque bonne action pour édifier en partie leur maison dans l'Éden, redressant les murs, badigeonnant la façade de blanc, décorant la coupole, couvrant le tombeau de popeline verte, avant de flanquer le mausolée d'un préau où Amor invita les petits garçons à venir apprendre le Coran. Il ajouta une minuscule pièce à son usage personnel, qu'il meubla d'une natte et d'une table basse, et où il passa ses nuits. Yamna prit l'habitude de lui envoyer ses repas et de lui laver son linge qu'il faisait parvenir dans un vieux drap noué.

Hélas pour Habib ! Le jour où il crut avoir trouvé une certaine satisfaction en déployant l'énergie de sa jeunesse pour quelque entreprise, Amor disparut de nouveau. Le demi-frère de Yamna se retrouva sans occupation. Et estima l'heure venue de prouver sa filiation avec Gadour.

De ce jour, il écuma les campagnes et les chefs-lieux à la recherche de demoiselles sur le point de convoler, jetant l'effroi dans les cœurs. Et pendant que les garçons de son âge s'en allaient travailler dans les champs et que les plus chanceux s'apprêtaient à gagner les bancs d'une école flambant neuve, Habib se renseignait sur les vierges à ravir et tenait la liste des croupes à enfourcher. Certaines jeunes filles se faisaient enlever deux fois au cours de la même nuit, et d'aucuns savaient qu'elles passaient sous le père et le fils à quelques heures d'intervalle.

Deux années passèrent sans que Yamna mît un pied dehors. Jusqu'au jour où Gadour envoya la quérir.

Elle s'emmitoufla et monta dans la calèche conduite par son frère Mustapha venu la chercher.

À son grand étonnement, elle trouva la maison paternelle silencieuse et vide. Manifestement, ni Aljia ni son fils Habib n'étaient présents. Gadour ouvrit la porte, congédia Mustapha et demanda à sa fille de le suivre dans sa chambre. C'était la première fois, depuis son mariage, que Yamna revenait dans la maison de son enfance dont Aljia avait fait l'antre de l'amour usurpé.

Gadour déplia deux grands tapis en osier et lui fit signe de s'asseoir. Il revint avec une jarre, puis une deuxième, puis trois autres dont il pencha le goulot sur le sol. Une pluie de pièces se déversa et la chambre fut illuminée jusque dans ses moindres recoins.

Devant son expression curieuse et intriguée, Gadour expliqua :

— Je t'ai fait venir pour que tu sois témoin de ce que je possède. Sait-on jamais. Tout le monde est appelé à mourir.

Il marqua un silence puis ajouta :

— Tu me regarderas compter ce trésor dont je t'indiquerai la cachette. Et tu n'en livreras jamais le secret.

Il conclut, feignant ne pas avoir remarqué l'étonnement de sa fille dont les joues s'étaient empourprées :

— Tu es la seule en qui j'ai confiance.

En prenant cette décision pour le moins étrange et inexplicable, Gadour venait d'allumer les premiers feux d'une guerre dont les répercussions se font sentir jusqu'à nos jours.

La rumeur lui avait été rapportée par une cousine qui jurait la tenir de l'épouse du boulanger qui la tenait de la tante de l'imam qui la tenait d'une veuve joyeuse. Une fois l'an, après les récoltes, les villageois se retrouvaient dans les champs à l'heure où la nature éteignait ses lumières et la terre plongeait dans l'obscurité. Hommes et femmes se serraient si étroitement qu'aucun d'eux ne reconnaissait son partenaire. L'on n'entendait plus rien, ni loups ni cigales, ni même Dieu qui, paraît-il, cette nuit-là, tirait sur lui la porte du firmament. Chacun faisait en sorte de taire sa conscience pour que jouissent ses sens, les sages n'en diraient rien, ni les saints et, pour une fois, les méchants auraient le même rang que les vertueux, les fous que les sots, les femmes que les hommes. Quand il ne restait de la lune qu'un fin sourcil et qu'il devenait impossible de mettre la main sur son propre corps, quand les traits des visages fondaient dans les ténèbres et que le frère ne reconnaissait plus sa sœur ni la mère son enfant, toutes les licences devenaient permises. Les voiles chutaient sur le sol, les burnous et les turbans, les corps se frottaient et se pénétraient, pour quelques heures encore, avant que Dieu n'entrouvre les yeux, ne reprenne le sceptre de la loi, replaçant le Bien et le Mal d'un côté et de l'autre de Son trône en feignant de n'avoir rien su, rien vu.

Cet été-là, personne ne fut capable de relater ce qui s'était passé durant « la Nuit de l'Erreur[1] ». Quelqu'un prétendit avoir vu Habib ramper dans les champs tout près d'une silhouette féminine et le lendemain, le village se leva sur une sombre rumeur : le demi-frère de Yamna s'était enfui avec la fille de l'imam. L'on se dépêcha de chercher la trace des deux jeunes gens. Des battues furent organisées et les puits vidés. Le père de la fugueuse enjamba les montagnes et

1. Ce rituel semble dater des époques païennes où les ruraux avaient l'autorisation une fois l'an de s'adonner à toutes sortes d'orgies.

fouilla dans les prairies en récitant le Coran et en se faisant accompagner d'une dizaine de bergers qui soufflèrent dans leur flûte jusqu'à l'Algérie voisine. Personne n'eut de nouvelles ni ne découvrit d'indices au milieu des blés ou dans le lit des rivières.

Quelques semaines plus tard, la rumeur laissa entendre que le couple aurait gagné la capitale où la jeune fille exercerait le métier de chanteuse de cabaret. Elle se serait mise à soutirer l'argent des naïfs citadins avec la complicité de Habib qui serait devenu son compagnon de beuveries et son homme à tout faire, personne ne comprendrait comment on peut tomber aussi bas, si ce n'était par envoûtement, c'est bien connu, ce genre de putains était le Diable incarné ! À preuve, les admirateurs de la sorcière abandonnaient femmes et enfants, prestige et fortune pour se goinfrer de sa chair taillée dans la flamme. Le plus inquiétant, dans le cas de cette catin, c'est qu'elle compta parmi ses multiples amants le fils d'un richard qui aurait juré de ne l'avoir que pour lui. Et il aurait tenu parole. Une nuit, affirmèrent des voyageurs, alors que Habib dormait la tête posée sur le ventre de sa protégée, un coup de feu brisa la vitre et vint se loger dans son cœur. Les cris réveillèrent la médina, les impasses et les venelles livrèrent leur lot de curieux, les portes claquèrent, les amants clandestins s'échappèrent par les terrasses, l'odeur de l'encens monta en même temps que s'allumèrent les torches de la maréchaussée, à la recherche de l'assassin. C'est du moins ce que prétendit le village et que Yamna raconta, tenant l'histoire d'une cousine qui la tenait de l'épouse du boulanger qui la tenait de la tante de l'imam qui la tenait d'une veuve joyeuse.

Par bonheur ou par malchance, ce récit se révéla faux et, une après-midi du mois de janvier, l'on vit Habib frapper à la porte de son père. Deux jours plus tard, l'on aperçut la fille de l'imam laver son linge dans la fontaine toute de voiles vêtue.

L'on apprit à Yamna que son demi-frère était revenu dans une caravane à dos de chameaux et que, lorsque ces derniers furent tout près d'Ebba, on ne sait pas pourquoi, ils se mirent à courir, fonçant droit devant eux, indifférents à la distance, sourds aux cris des cavaliers. Quelque chose d'irrépressible les poussait vers la source qui ruisselait en boucle, une ceinture de nacre liquide qui ceignait les flancs des collines. Les bêtes se penchèrent sur l'acier, posèrent le cou sur les rails et léchèrent le fer chaud. Leurs cils tombèrent comme des franges et le sillon de leurs lèvres s'élargit comme un cratère. L'eau était sous le fer, elle n'allait pas tarder à gicler rouge entre les deux lames, car le train arrivait, aveugle aux corps agenouillés sur son passage, aux têtes alignées sous ses semelles, avant de passer dessus, de scier les gorges, l'une après l'autre, et de s'en aller sans se retourner.

Il n'y eut qu'un seul rescapé de l'accident ferroviaire. Un chameau qui se dandinait tranquillement, comme désaltéré par la transpiration du cavalier qui le montait, et le premier qui le reconnut fut Béchir. D'un geste, il le fit glisser sur le dos de son cheval et le déposa devant la maison de Gadour.

Rentré au bercail, toutes les nuits, Habib installa une flopée d'enfants dans une chambre qu'il ferma de voilages comme une tente et se mit à raconter les récits des peuples du désert. Les mômes d'Ebba, parmi lesquels les derniers fils de Yamna, s'aventurèrent pour la première fois dans les sables, humèrent à s'en enivrer l'odeur de l'oasis et la sueur des dattes. Ils furent bientôt rejoints par les gamins des fermes proches, et toute cette enfance embarqua en masse vers le Sahara.

À l'instar de Tounès, la maman de Yamna, les enfants se mirent à modeler la nature, selon ce qu'en disait Habib. Pendant que leur tête se calait sur les verts bosquets d'Ebba et ses denses feuillages, leur esprit s'aventurait sur les sentiers arides que dessinait la voix du conteur. Les sources s'asséchaient en cours de récit, les forêts de chênes-lièges et de peupliers fondaient en dunes et les amandiers se transformaient en acacias. Puis, voilà qu'au milieu de la canicule se faufilait le froid glacial de la nuit désertique. L'ogre surgissait soudain d'entre les dunes, la crinière tressée de vipères, portant sur chaque doigt un scorpion gros comme un chat… C'est quoi un scorpion ? C'est quoi ces fennecs et ces marmottes qui arrivent en renfort pour sauver la princesse des sables ? Ces coloquintes, ces euphorbes d'où coule du latex blanc, ces touffes vert bleuté de l'armoise, ces tamaris qui se modèlent en huttes pour abriter les belles ? C'est quoi le tamaris ? Personne n'aurait osé interrompre Habib pour savoir le sens des mots. Car il avait prévenu et ne tergiverserait pas : le mot possède de quoi fabriquer la chose, lui donner un corps, lui insuffler âme et mouvement. Telle était la leçon des gens du désert. Demandez-donc à Farksi, le beau-frère de Yamna, lui seul connaît le pouvoir des mots…

Puis, un matin, Habib renonça à ses récits. Et les enfants se trouvèrent orphelins de ses mots et de ses images, contraints d'habiller les uns des autres, jusque ces années où, grâce à la télévision, ils purent coller l'objet au vocable.

Alors que Gadour restait impassible devant le comportement de ce fils qu'il n'avait jamais aimé, Aljia se mit à affirmer que son garçon n'était parti nulle part et qu'elle l'avait gardé tout ce temps dans son sein. Pour contrer la rumeur selon laquelle il aurait contracté la maladie du désert qui l'aurait rendu fou, elle s'employa à accréditer la version d'un voyage miraculeux, comme il s'en passe tous les jours par la grâce de Dieu. Elle appuya ses dires par le témoignage de l'imam désireux, lui aussi, de laver sa propre fille du scandale et qui relaya doctement le point de vue d'Aljia : « Vous vous êtes trompées, bonnes gens ! Il vous a semblé que Habib avait fui. C'est une illusion. Souvenez-vous de notre Prophète bien-aimé ! Dieu lui avait fait traverser les cieux et les terres jusqu'à Jérusalem sans même qu'il fasse un seul pas ! Je vous le dis mes frères, il n'y a jamais eu de chameaux ni de cavalier rescapé de la bête, la bête en question, elle est aussi polie et discrète que Monsieur Joiffre ! La bête obéit à la loi des Nazaréens, lesquels peuvent envahir et tuer, mais en avertissant toujours. Oui, le train siffle plus d'une fois avant de tout avaler sur son passage. Non, il n'y eut ni caravane, ni contes de sable, ni Habib. Bonté divine ! Il n'y a pas pire que les gens éloignés du désert pour inventer des mirages ! »

Et pourtant ! Je me souviens très bien que, petite, j'évitais de passer près de l'endroit où la tradition disait qu'un convoi de chameaux montés de cavaliers aurait péri sous le train. En enjambant les rails, je récitais les versets dédiés aux morts.

Il y a quelques années, de retour au village, j'ai fait la visite guidée des lieux à mes enfants. J'ai désigné l'emplacement de l'accident, des traces de sang et des touffes de poils que je m'imaginais petite. Mes enfants ont ri et se sont échappés du côté du restaurant jadis appelé Bouda et transformé en salle de cinéma spécialisée dans les films américains.

C'est comme l'histoire des femmes de Darbiche. Aujourd'hui encore, chaque fois que je regarde la lune, j'y vois la silhouette des pécheresses de mon village, et chaque fois que je me sens coupable d'avoir failli à la morale d'Ebba, il me semble que l'on me voit là-haut parmi elles.

Un matin du mois d'août, la rumeur prétendit que, n'ayant plus la force physique de courir la donzelle à travers champs, Gadour avait décidé de se servir sur place et venait d'élire domicile à Darbiche… C'était une sorte de cabanon qui tenait à la fois du gourbi et de la tente et dont personne n'aurait osé nommer la vocation exacte. Construite avec des madriers collés par du tissu et de la paille, affublée de fausses fenêtres, elle était située à la sortie du bourg, de l'autre côté de l'oued, et un solide mystère lui servait de clôture.

Des messes basses entre adultes laissaient entendre toutefois qu'à l'intérieur, les femmes étaient si belles qu'elles se servaient de leur visage en guise de bougie. Elles se prélassaient, plus douces que les reptiles, leurs chevelures tendues aux barres des lits, servant de cordes et de voilages, et dans leurs yeux une lumière aussi forte que le poison quand il tue, aussi puissante que l'élixir quand il sauve. Le frère de Yamna, Mustapha, jurait que ces créatures tenaient à la fois du démon et de la fée. Elles servaient à boire aux convives dans des coupes creusées à même leur nombril et leurs doigts si longs et si fragiles se tendaient vers le ciel pour y cueillir des étoiles qu'elles venaient accrocher sur leur corsage. Au fur et à mesure que la nuit avançait, la maison s'allégeait, s'ébranlait, s'éloignait du village, flottait sur un brin d'air puis se détachait pour se balancer entre ciel et terre, juste au-dessus d'Ebba qui dormait, ou faisait semblant. La maison s'en allait encore, virevoltant dans le bruit des rires et des râles, montant très haut, jusqu'à l'astre lunaire, qu'elle éclipsait en partie, avant de s'ajuster à sa forme.

« Toutes ces mauvaises femmes finiront sur la lune pendues par les cils », prédisait Yamna.

De son point de vue, deux catégories de pêcheurs subiraient le même sort : les enfants qui désobéissaient à leur maman et les filles qui ne surveillaient pas leur hymen, si, si, regardez bien l'astre, vous verrez le visage de la pécheresse, et les cils qui se sont distendus et le reste du corps qui se balance, Dieu a construit la lune pour y tester l'arsenal des châtiments qui vous attendent !

Faisant foi à ce qui se disait sur son père Gadour, Yamna se couvrit la tête d'un torchon de marmite noir et retira la moitié de ses bracelets en signe de honte. Elle enfila une mélia décolorée, si ample que la brise qu'elle charriait soufflait du chagrin dans toute la maison. Elle ne sortait dans le patio que pour allumer le four à pain devant lequel elle restait prostrée, avant de ramener la pâte en cendres, de ses doigts sanguinolents, car il n'y avait pas meilleur remède pour oublier le feu du déshonneur que de s'en brûler la chair, disait-elle.

Dieu lui-même s'émut du comportement de Gadour et du chagrin de sa fille et laissa s'exprimer Sa colère. Des accouchements emportèrent bien des mamans. La folie s'empara d'esprits jusque-là sains et le train de Monsieur Joiffre se reput d'une bonne vingtaine de corps que la détresse ou l'alcool jeta dans sa gueule fumante. La présence croissante des colons ajouta au malheur et détraqua l'humeur du ciel musulman. Deux années durant, la sécheresse qui frappa Ebba brûla jusqu'à la dernière botte de foin et découpa dans les paysages le profil imberbe des mécréants. L'aridité poussa les chèvres à suçoter les cailloux et les vaches à se jeter dans les ravins. Ensuite, il y eut deux années de pluie qui firent pousser des épis aussi gros que les prunes, des herbes si géantes qu'elles s'enroulaient sur les tuiles des maisons et menaçaient les fondations, des roses sanguines qui fendirent l'acier des rails. L'eau s'engouffra dans les allées du cimetière et submergea ses murets. Si bien que les vivants furent dans l'impossibilité de reconnaître l'emplacement de leurs morts. L'humidité troua les tombes, en effet, perça les parois, abîma les linceuls, et les cadavres se retrouvèrent à nager dans la même étendue liquide. Béchir fit scandale en déclarant que la situation avait l'avantage d'autoriser les défuntes à circuler sans voile, d'instaurer la mixité en permettant aux hommes de s'approcher des femmes, mais aussi aux anciens ennemis de se serrer la main : « De toute façon, chez les Arabes, il faut être mort pour vivre librement ! » s'esclaffa encore Béchir, et l'on mit ses propos sur le compte de sa fréquentation sacrilège du Français Joiffre.

C'est à cette époque que Farksi, l'autre beau-frère de Yamna, leva le nez de ses livres et crut de son devoir d'intervenir pour sauver le village. Il se tint debout au milieu de la foule et proclama que la mer ne tarderait pas à arriver de toute façon, puisque les villageois n'avaient jamais daigné aller à sa rencontre. Farksi commença par griffonner des vagues sur des bouts de papier qu'il plia en forme de petits bateaux et qu'il fit envoyer dans toutes les chaumières.

Les hommes protestèrent de ce qu'il ait dessiné à leurs femmes d'autres horizons que les murs et à leurs enfants le visage même de l'aventure.

Farksi se lança ensuite le défi de faire découvrir aux villageois, continentaux de père en fils, ce qu'était une barque réelle et suggéra qu'on vienne l'aider à en construire :

« Au lieu de passer votre temps à vous abriter de la pisse du ciel, avait-il conseillé, vous feriez mieux de chercher une solution contre le prochain déluge ! »

De sorte que, lorsque le ciel se calma enfin, des dizaines de barques restèrent amarrées aux champs, coques vides dans lesquelles vint souffler le vent comme dans de vrais coquillages, avant que la sécheresse ne fût de retour. Car deux autres années de feu réduisirent en cendres les barques, rasant dans la foulée les plantes, décoiffant les arbres, faisant agoniser oiseaux et bêtes, asséchant le cimetière tant et si bien que l'ancienne nappe se referma sur les corps agglutinés et ne recracha plus que des os brûlants à la surface du sol.

C'est ce que Yamna raconta.

Entre-temps, l'exercice de dessin de Farksi servit à en propager la mode dans le village. Tout le monde se mit à crayonner, au charbon, à la chaux, au sang de mouton, au henné, aux feuilles de caroubier et à l'écorce de noix, les hommes comme les femmes, les érudits comme les analphabètes, les gamins comme les adultes. Les murs du village et les rares sols bitumés se couvrirent de graffitis, les couvercles des coffres se transformèrent en réserves animales, l'imam suffoquait d'indignation et il fut pris de convulsions le jour où l'une de ses ouailles menaça de croquer Allah en personne !

La folie du dessin cessa quand un villageois voulut acheter un kilo de viande en tendant une feuille où était gribouillée une pièce de monnaie. Et parce que, à un homme venu se plaindre de son aîné qui l'avait spolié de sa maison, Farès aurait conseillé – juste pour rire – de se faire indemniser par le coupable en se faisant dessiner une baraque identique ! Quelqu'un eut même le culot de raconter, Dieu seul sait si c'est vrai, que Gadour était sorti tout nu de Darbiche en hurlant à la figure de Béchir venu proposer à une putain un papier où était griffonné le sexe non circoncis de Monsieur Joiffre.

Cette dernière affaire s'avéra fausse, puisque, quelques jours plus tard, l'on vit Gadour traverser le village sur son cheval, dans toute sa puissance de naguère. Le soir même, Yamna remit la totalité de ses bracelets, serra son bassin à double tour et prévint : « Qu'on ose donc médire de ma famille ! » Elle sonnerait les saints de toute la planète et viderait l'Enfer de ses djinns pour en faire son armée à elle, jamais guerre ne verrait soldats si vaillants pour défendre son honneur et celui des siens !

Et la plaine se tut sous la menace. De nouveau, Yamna régenta sa maison comme elle le faisait tous les jours (*et comme je la verrais faire*). Elle se réveillait à l'aube, envoyait chercher l'eau au puits, se lavait les mains et la figure après avoir noué ses fichus à l'abri des regards. Puis elle entrait dans la cuisine, les bonnes et les femmes de métayers étaient déjà occupées à balayer la cour, nourrir les bêtes et nettoyer le linge au lavoir. L'été correspondait à la saison du plus grand labeur mais aussi des grandes festivités. L'on célébrait les moissons avec la préparation du couscous et le séchage des épices pour l'année. La courette se remplissait de paysannes qui mouillaient la graine dans des bassines coincées entre leurs cuisses grandes ouvertes, à l'aide de louches à manche géant. Elles partaient en longs youyous chaque fois qu'elles devinaient l'arrivée d'un mâle à la maison, il se devait de repartir pour leur ramener une pastèque ou un melon bien juteux. L'on pelait également les fruits, l'on écossait les légumes et, quand l'espace manquait, l'on envoyait les enfants sur le toit, en leur bottant le derrière au besoin, ils avaient pour tâche de tendre les draps et d'y étaler les graines, les pétales et les pelures à sécher. De sorte que les hommes qui rentraient des champs à l'heure de la prière du *Assr* voyaient de loin d'immenses couches de couleur qui changeaient du safran au rouge, du vert au myrtille, et qui semblaient superposer au ciel d'Allah une étendue plus belle, jetée avec soin par les doigts des femmes. Les mêmes terrasses se couvraient pendant les fêtes de l'Aïd el-Séghir de grands plateaux de pâtisseries que les enfants ramenaient du four public.

C'est si vrai ! Je me rappelle ces fins de ramadan où Souad et moi traversions Ebba avec, sur la tête, les plateaux qui tenaient sans l'aide des bras. Il nous arrivait même de lancer des paris de course et de jouer à la marelle, voire de parcourir le reste du chemin à cloche-pied, notre fardeau sur le crâne, ce qui nous valait une raclée, quel que soit le résultat des paris.

Une fois qu'elle avait accompli son devoir à l'égard des vivants, Yamna se tournait vers les autres mondes. Elle s'asseyait, décrochait un chapelet de sa fibule droite et se mettait à égrener les noms du Seigneur après avoir prononcé à l'envers un verset entendu dans la bouche de son mari, lequel riait chaque fois qu'il l'écoutait le psalmodier : « Toi, Dieu, qui es gentil, et même plus que gentil, ne sois pas fâché avec Tes créatures. Toi, qui n'as pas engendré, sois clément avec les enfants que Tes fidèles ont engendrés ! Bénis nos amis et terrasse nos ennemis, au premier rang desquels la femme de mon père, Aljia ! Épargne mes enfants de la maladie, mon mari des concubines et moi des mauvaises brus ! »

Puis Yamna oubliait le Seigneur pour se concentrer sur Ses lieutenants. Elle appréciait plus que tout la compagnie des saints depuis son séjour dans le ventre de sa mère où elle les entendait consoler Tounès des infidélités de Gadour. Yamna les hélait comme des intimes et ils arrivaient de suite. Quand ils ne répondaient pas présents, elle les convoquait via des mots de code, des mélodies secrètes, les faisant réapparaître au milieu des fumigations de benjoin et de myrrhe. Les allées et venues des invisibles dans son domicile étaient si fréquentes qu'elle s'était décidée à leur aménager des niches dans toutes les pièces où ils vinrent se reposer durablement jusqu'à lui faire oublier l'Hôte suprême de toute maison,

Allah lui-même, censé prendre plus de place et requérir davantage d'attention. Elle n'en concevait pas de scrupules pour autant, ce Dernier était une affaire d'homme, rien n'empêche de L'oublier de temps en temps, pensait-elle, l'imam Hadj Ali se chargera de Le servir, il se prend bien pour un chef du haut de son minaret, à commander aux fidèles, alors que Yamna et ses saints avaient la charge de commander au Maktoub, cette trame originelle du Destin qui précède les desseins de Dieu… D'ailleurs, à l'instar de sa belle-mère, elle détestait le religieux et du jour où elle entendit dire que, dans un prêche, il avait interdit aux époux de laisser leurs « maisons » fréquenter les mausolées, elle défendit de son côté de prononcer son nom chez elle et le gratifia du sobriquet d'« Ennemi des femmes ». Comment les pauvres croyantes dont elle s'estimait faire partie, malgré tout, pourraient-elles vivre sans le recours des Vertueux et des Vertueuses ? Avec qui mener la conversation et à qui demander secours contre le chagrin, le mal et la trahison ? Jamais Yamna ne s'agenouillerait pour une prière. À ses yeux, Allah n'avait pas besoin des gesticulations pour exister, ainsi flanqué de Ses prophètes et de Son conseiller rapproché, Sidi Askar, son ancêtre à elle, qui était également son émissaire auprès de Lui et qui n'avait pas intérêt à revenir les mains vides ! Lorsque, exceptionnellement, elle mettait son *safsari* pour aller demander à Askar de défendre sa cause, elle l'attendait de pied ferme les aubes suivantes et, tant qu'il n'était pas de retour, elle s'impatientait, l'interpellait de plus en plus fort, au milieu de ses monologues. C'était les jours où elle parlait le plus, et non certes à l'adresse des vivants. Le doute la saisissait. Il se pourrait qu'Allah se fût aperçu de sa préférence pour le saint. Elle attrapait son tamis et se mettait à égrener ce qu'elle connaissait des quatre-vingt-dix-neuf attributs divins, en triant les lentilles, l'orge ou le maïs : le Miséricordieux, l'Aimé, le Puissant, le Roi, l'Impétueux… D'une graine deux coups. Elle disposait ensuite le petit tas dans un chiffon dont elle nouait les bouts et qu'elle accrochait à une poutre au plafond. Le jour où elle défaisait le nœud, elle appelait ses enfants au spectacle et déclarait, victorieuse : « Voyez, la puissance de Dieu ! Il transforme tout en néant ! » Car il n'y avait plus rien à l'intérieur de l'étoffe. Yamna s'en allait ensuite légère et souriante, persuadée que l'opération surnaturelle venait de lui racheter le pardon de Dieu et de réduire ses soucis en poussière. Enfin, pour le moment.

Ce n'est plus du bordel de Darbiche que souffla le vent du drame cette fois-ci, mais de la bouche de l'Espagnole. Ce matin-là, la vendeuse ambulante poussa la porte de Yamna et s'effondra, en sueur. En même temps que ses coupons et ses fioles, elle déversa dans le patio les grands morceaux de vie qu'elle venait de glaner alentour. Il était connu que la gitane s'allégeait dans chaque maison de ses articles pour repartir alourdie de récits qu'elle bouclait dans sa mémoire en refermant ses bagages. Ce jour-là, elle déballa sa marchandise en même temps que ses nouvelles tout en caressant les deux tresses graisseuses qui roulaient sur son écharpe aux motifs piqués de fleurs en relief. Et, lorsqu'elle réussit à dévisser sa croupe du sol pour partir, il fallut se rendre à l'évidence : Esméralda venait d'instiller le doute dans les yeux de Yamna et dans ses gestes qui perdirent soudain de leur adresse. Le vacillement de sa quenouille qui fila loin de ses doigts sembla dévider son âme, et son silence dura plusieurs jours avant que, un soir, elle ne convoquât ses sœurs. Sauf Mdella la captive, bien sûr.

Ces dernières descendirent de leurs calèches à la tombée de la nuit, complètement dissimulées sous leur *safsari*. C'était la saison des récoltes et Farès passait son temps dans les champs à surveiller les métayers qui acheminaient les sacs de blé dans les silos et se dépêchaient d'entasser les meules de foin dans les étables, craignant un ciel de juin si pervers qu'il choisissait cette période pour pisser sur les récoltes comme un gamin irresponsable.

Une heure après, les sœurs de Yamna se levèrent pour repartir.

L'on entendit le froufrou des voiles et ces phrases tombées par mégarde dans le patio :

— Je ne le vois pas prendre une concubine.

— J'en mourrais.

— Ne dis pas de bêtises, personne n'est mort de cela.

— Si. Le train est la solution, trancha la voix de Yamna.

Depuis le soir où cette fameuse phrase fut prononcée, une peur panique du train s'empara des descendants de Yamna. Se peut-il que l'un de ses enfants l'ait entendue et rapporté son intention de se jeter sous les rames si leur père prenait une deuxième épouse ? Est-il possible que cette phobie fût transmise sans le recours des mots, par ce don de télépathie qui unit les mères à leur progéniture ? En tout cas, dès l'âge de cinq ans, les enfants de Yamna craignirent comme la mort les rails, les locomotives et les passages à niveau.

Je ne fais pas exception et souffre du même syndrome. Je n'enjambe jamais une voie ferrée sans sentir la frayeur traverser mon corps de part en part ; ni ne m'engage sur un passage à niveau en voiture sans prier auparavant pour ne pas tomber en panne à l'instant même où arrive le train…

Yamna était persuadée qu'il lui fallait une mort violente, tragique, à la mesure de son amour. Pour une fois, Dieu bénisse les Infidèles ! Ils venaient d'inventer le véhicule idéal qui fonçait du néant pour y mener tout aussi rapidement ! Une machine munie d'un cœur de fer qui happerait son corps comme bouche vorace, le scierait comme tronc d'arbre et s'éloignerait après en avoir laissé des débris pourpres que les curieux s'aventureraient à goûter du bout des doigts pour s'assurer que c'était bien du sang humain.

Toutes les nuits de mon enfance, avertie par je ne sais quelle intuition, j'ai imaginé ma mère quittant sa chambre et traversant le patio. Je la voyais la main sur le loquet, puis le front sur le battant, le corps tourné sur lui-même dans le silence des hommes. Ma mère lâchait ensuite une grande inspiration et faisait marche arrière. Tous les matins, je scrutais mes cheveux pour voir s'ils avaient blanchi, car on raconte qu'à cette période ma sœur Noura avait eu la crinière à moitié blanche alors qu'elle n'avait pas encore perdu ses dents de lait et qu'on dut la raser plusieurs fois pour faire repousser sa couleur. C'est elle, probablement, qui l'aurait vue glisser dans son voile et franchir le seuil, le soir succédant à la conversation avec ses sœurs. C'est toujours Noura qui a prononcé un jour cette belle et étrange phrase : « Il peut arriver qu'on perde en une nuit son enfance comme d'autres perdent leur virginité. »

En réalité, Yamna venait de monter sur la mule préparée par Salah, le métayer préposé aux services des femmes et à leurs déplacements en particulier. La nuit avait dépoussiéré le ciel de ses étoiles et les collines glissèrent dans le noir. Seul s'ouvrit le chemin que déroulait le drame sous ses pieds. Elle se tenait droite et immobile, oubliant sa monture qui, elle aussi, venait de s'évanouir dans les ténèbres. Le ciel n'existait plus, ni la terre, et le vent poussait la malheureuse au-devant des présages.

Une fois à l'intérieur du mausolée, elle leva la tête et vit son ancêtre Askar assis sur un tapis entre sol et plafond, le turban de la taille d'un nuage. Il lui fit signe d'avancer. Elle vint au-devant de lui, se pencha et confessa sa peine.

Lorsqu'elle eut terminé, Sidi Askar déclara :

— Va voir ton père immédiatement. Seul Gadour pourra mettre un terme aux intentions de ton mari. Il me revient de régler le reste auprès d'Allah.

Yamna prit le chemin de la maison paternelle sans réfléchir. Les chiens aboyèrent, Gadour sortit, le buste droit, le pas assuré de sa jeunesse. Ses razzias sexuelles semblaient lui avoir taillé une carrure de héros indestructible et sa légende d'amant hors pair avait passé de si loin ses frasques qu'elle paraissait le sauver de la déchéance.

Elle resta sur le pas de la porte, ne disant mot.

— Que me vaut ta visite ?

— Le maître de ma maison…

— Qu'a-t-il fait ? bondit Gadour.

— Il songe à prendre une deuxième femme.

Gadour ne cilla pas. Et Yamna en voulut à Sidi Askar. Quelle idée de venir chercher le soutien de son père contre son mari ! Que peut-on espérer d'un mâle pour qui les femmes ne sont qu'un instrument à jouir ? Elle imagina son paternel sur ses captives, pressé de défaire leurs tissus, puis le souffle court, le visage emmêlé dans la clairière des cheveux et le corps qui… Non, Yamna ne pouvait aller plus loin ni voir davantage, elle en suffoquerait. Ne rien savoir de ce qui se passait dans ces moments qu'elle avait connus elle-même sous son mari, où le désir en déployant ses ailes voilait sa conscience, où la terre se mettait à pulser dans son ventre, et où son corps se disloquait en mille morceaux. Cela devrait être interdit aux pères. Ou aux filles.

Yamna faillit tourner les talons lorsqu'elle sentit la main de Gadour sur son épaule. Il la regarda dans les yeux et ce fut sa seule réponse. En repassant le seuil, elle crut apercevoir l'ombre d'Aljia derrière une porte et se souvint de ce qu'Esméralda lui avait rapporté. Aljia était rentrée dans une colère noire lorsqu'elle avait su, quelques années auparavant, le motif pour lequel Gadour avait fait venir sa fille. Elle connaissait la fortune de son mari et s'amusait jusque-là à plonger la main dans les jarres planquées dans une remise creusée sous la couche conjugale. En recevant l'ordre de sortir de la maison, elle avait deviné le manège de son époux et compris qu'il venait de confier à Yamna le nouvel emplacement du trésor. Elle le lui ferait payer, à cette folle, qui se prenait pour le soleil d'Ebba !

Yamna se persuada à l'instant que son malheur venait de la coépouse de sa défunte mère, devenue sa propre rivale. Aljia était l'instigatrice du projet de Farès de prendre concubine, sa tête à couper !

Sur le chemin du retour, une main secrète jeta des poignées d'étoiles à travers le ciel. La lune apparut dans leur sillage. Et s'avança dans un halo blanchâtre qui traîna comme le voile d'une mariée. Yamna venait de comprendre le silence de son père et son cœur vibra de la même légèreté que les constellations.

Ce jour-là, lorsque le mari de Yamna se rendit au hammam, il fut surpris de le trouver vide. D'habitude, tous les vendredis avant la prière, les croyants se pressaient au bain pour profiter des bienfaits des eaux réputées efficaces aussi bien contre les peaux mortes que contre les péchés. Même le masseur avait disparu.

L'eau coula dans les rigoles pour Farès tout seul et les salles s'enfilèrent sans l'ombre d'une silhouette. Il n'entendit que le bruit de ses *qobqab*[1] qui faisaient toc toc sur le sol. Prit garde à ne pas chuter et vint s'asseoir doucement au bord du bassin fumant. Soudain, son cœur se serra. Farès était de nature peureuse, personne ne l'ignorait à Ebba. L'oracle dispensant sa lignée de la guerre – tel que l'affirmait sa mère – était une réelle bénédiction pour celui qui n'aurait jamais levé une arme contre un homme ou une bête. D'ailleurs, depuis qu'on parlait de ces « nationalistes » qui prenaient le maquis et se faisaient occire par les Français, il se trouvait toujours quelque garnement pour surgir dans son dos et crier : « Haut les mains ! Les fellagas attaquent ! » Et Farès de prendre ses jambes à son cou, avant de s'arrêter, essoufflé, et se rendre compte qu'il s'agissait d'une blague.

Ce vendredi-là, donc, le fils des Chérif s'apprêtait à vivre la plus grosse frayeur de sa vie. Car une fumée dense s'échappa des murs et vint obstruer les ouvertures de la salle chaude. La coupole vitrée se couvrit d'une buée opaque. L'eau sanglota dans les conduits et les seaux se mirent à danser tout seuls, pendant que du plafond

1. Mules en bois.

chutèrent des gouttes translucides de la taille du soleil. L'une d'elles vint s'écraser sur ses paupières et brouilla sa vue. Farès crut apercevoir une dizaine de djinns drapés d'une étoffe sur l'épaule comme les pèlerins. Ils l'empoignèrent au collet et le suspendirent au-dessus du bassin d'eau. Ensuite, ils firent cercle autour de lui en prononçant des psalmodies dont il ne perçut pas la langue. Il pensa que Dieu s'était mépris sur son compte en lui dépêchant par erreur Ses démons. À moins qu'Il ne voulût l'honorer à travers une drôle de cérémonie ! Après tout, personne n'avait secouru comme lui les pauvres, n'avait nourri aussi généreusement les mendiants et logé les sans-abris ni, comme lui, consigné les naissances et les morts d'Ebba, fût-ce en se trompant sur les dates.

Les psalmodies cessèrent et l'un des djinns tonna :

— La sentence est prête. Toi, Farès Ben Ammar Ben Farès Ben Slimane Ben Chérif ! Tu es au bord de l'abîme et tu risques d'y disparaître à cause de tes funestes projets. Nous t'y pousserons s'il le faut. Débarrasse ton esprit du mal et lave ton cœur de la tentation. Et sache ceci : si tu touches à un cheveu de la fille de Gadour, tu le paieras ! Si tu fais partager son lit par une autre femme, tu périras ! Que la chose soit dite et entendue !

Le gardien qui entra pour nettoyer le bain maure découvrit Farès sans connaissance, les bras en croix. De ce jour, personne ne parla plus de la thèse d'une seconde épouse sous le toit de Yamna et la rumeur se répandit que des soldats invisibles assuraient son sort. Du moins, jusqu'à nouvel ordre.

En attendant, la bande de gros bras dépêchés par Gadour pour faire peur à son gendre estima avoir bien accompli sa mission et reçut la récompense promise.

Désireux de se faire pardonner, Farès s'employa à combler de présents sa femme. La réputation d'élégance de Yamna passa alors les frontières. L'on vanta ses mélias achetées dans les boutiques de la capitale dont les couleurs chatoyantes finirent par porter son nom. Les dames demandaient qu'on leur apportât du « velours Yamna » ou du « Yamna fuchsia ». Elles admiraient l'épouse de Farès qui s'habillait de deux coupons superposés, l'un en mousseline piquée de paillettes et de sequins, l'autre, par-dessus, en velours ou en soie sauvage. Les deux coupons qui composaient la mélia étaient surfilés sur les bordures et maintenus au niveau du bassin par une ceinture en fils de coton et deux fibules au niveau de la poitrine. Ensuite, venait la parure, une rivière d'or qui coulait du sommet du crâne au nombril, faite d'un enchevêtrement impressionnant de *rihanas*, ces colliers en forme de petits anneaux que Yamna suspendait par dizaines à son cou, à ses oreilles ou sur son front en les accrochant à ses foulards. De ces derniers pendaient aussi toutes sortes d'objets, entre le tanit[1] carthaginois et la croix chrétienne, vestiges d'un temps que Yamna était loin de savoir identifier. Ses bras chargés de bracelets venaient rajuster ou refixer ses breloques en or dans une symphonie de cliquetis et de tintements, de sorte que l'on pouvait rester des heures à la regarder avec l'impression de voir une machine à musique exposée à la devanture d'une bijouterie dont le refrain serait cette phrase qu'elle affectionnait : « Dites au soleil de briller, sinon je le fais à sa place ! »

Des années plus tard, les transformations imposées par dame Modernité, cette sœur jumelle de dame Médecine, firent toutefois tomber en désuétude le modèle vestimentaire de Yamna. Plus aucune villageoise dans toute la contrée ne porta la mélia comme elle, c'est-à-dire à la manière des femmes d'Ebba depuis le général Hannibal et la valeureuse Kahéna. Ce qui explique le ballet des épouses qui vinrent après l'Indépendance emprunter ses coupons pour la baraka. Il était d'usage, en effet, d'en appeler à la chance

1. Symbole de Tanit, la déesse phénicienne de la fertilité, représentant une personne en train de prier, les bras levés vers le ciel.

en recourant au souvenir des anciens et en humant l'odeur des épouses bénies. Les cousines feraient sagement la queue devant son coffre à paons pour quelques essayages. Les jeunes mariées aussi, désireuses de parader dans ses drapés parmi les sept costumes requis pour les sept nuits de noces. Sans oublier toutes ces demoiselles frétillantes qui, plus tard encore, viendraient emprunter son habit le jour de l'Aïd. Elles se faisaient alors photographier sur la place du village dans le « costume du pays », comme si elles étaient nées ailleurs, ces dindes squelettiques, qui envoyaient ensuite le cliché à leur fiancé des villes en guise de carte postale attestant d'une virée dans des contrées sommeillant sur l'Atlas des anciens mondes ! Yamna aurait même la surprise de voir la directrice de l'établissement scolaire bâti par Bourguiba frapper un jour chez elle. Ce fut une année après qu'elle eut retiré ses deux aînées de l'école. La dame se présenta devant elle les cheveux au vent. Yamna recula. Mine de rien, la visiteuse lui apprit qu'elle venait de monter une pièce de théâtre mais qu'il lui était impossible de trouver un déguisement seyant au personnage de la reine. Yamna pourrait-elle avoir l'extrême gentillesse de lui prêter sa mélia pour les besoins de la scène ? Bien que n'ayant jamais entendu le mot théâtre ni vu une reine, Yamna fourra deux coupons de soie sauvage, une poignée de colliers, quatre foulards en lamé et une de ses nombreuses ceintures qui se nouaient autour d'un lourd cercle en or. Elle fixa l'enseignante qui la regardait, ébahie, agita le paquet devant ses yeux et lui indiqua la sortie.

Même après son départ en ville, sa bru, Soraya, jura par tous les saints qu'elle continuait à entendre le bruit des bracelets de sa belle-mère tinter dans la resserre, ainsi que ses *khoulkhal* et qu'elle n'enfouissait jamais sa main dans les jarres de couscous sans demander à haute voix l'autorisation de Yamna qui se trouvait à des centaines de kilomètres de là. C'est à cette époque que se répandit au village la rumeur selon laquelle Soraya parlait toute seule comme une folle et que ce serait-là la vengeance de Yamna dont cette bru « étrangère » pensait pouvoir usurper l'identité sans payer de sa raison.

Depuis la mort de Jalila, Yamna tremblait pour ses enfants qui étaient maintenant au nombre de six, garçons et filles à égalité. Elle craignait la visite de cette ogresse qu'on disait éprise des Chérif et qui passait régulièrement la porte pour repartir avec un corps ou deux dans sa besace. La visiteuse avait tant et si bien apprivoisé la tribu qu'elle s'engouffrait prestement dans la poitrine des mâles et des femelles, n'hésitant pas à emporter les bébés encore au sein. Arem affirmait jadis que c'était un sort jeté par l'ancêtre des Chérif, marabout de son état, qui, horrifié par le comportement d'un de ses garçons porté sur le vice et la débauche plutôt que sur le savoir et la piété, avait imploré Dieu de fendre la poitrine de sa descendance d'un mal qui lui ferait cracher le sang. Dieu avait entendu son lieutenant et puni celle-ci. Il avait inscrit dans les gènes des Chérif le tracé de la maladie, sa fulgurance, son issue fatale, à tel point que leur arbre généalogique comptait un nombre infini de jeunesses tombées sous la tuberculose comme feuilles sous le vent. Jusqu'au jour où le saint eut pitié et décida de fournir à sa lignée une compensation : puisque les Chérif mourraient dans le lit de la maladie, il leur serait épargné de mourir sur les champs de bataille. Et, effectivement, aucun Chérif n'avait jamais figuré comme soldat d'une quelconque armée, ni combattu sous le drapeau d'une nation.

Et cela continue de nos jours. Aucun de mes frères ne fut mobilisé, ni ne fut tenté par une carrière militaire. Idem pour mes cousins et neveux, du côté des Chérif.

Yamna se méfiait donc de la plus petite toux qui pouvait augurer du pire. Elle demandait à ses gamins de surveiller la couleur de leur salive, le rouge étant le manteau dans lequel apparaissait l'ogresse. Certains hivers, elle obligeait ses fils à pointer chaque matin pour cracher dans un mouchoir. Mais, si elle auscultait comme un médecin, elle n'avait pas la moindre idée des remèdes modernes qui commençaient à venir à bout de cette maladie. Pour se féliciter de la bonne santé de ses garçons, elle les soumettait à un exercice de son cru : elle tournait plusieurs fois sa main remplie de sel sur leur crâne en murmurant des formules destinées à chasser le mal. Jetait ensuite le contenu dans le trou qui faisait office de cabinet de toilette et les obligeait à uriner dessus. D'autres jours, elle fourrait une demi-douzaine d'œufs sous la cendre du brasero et attendait qu'ils explosent comme des pétards, anéantissant par cette opération le mal qui s'en irait tels des débris de coquilles…

Raouf avait cinq ans lorsqu'il fut pris d'une fièvre de cheval et dut garder le lit. Elle convoqua la mémoire des siens, confectionna toutes sortes de médications naturelles et noya la maison sous les volutes du benjoin afin que l'ogresse n'en trouvât point l'emplacement. Toutefois, elle eut beau envelopper le crâne de l'enfant de purée de courgettes et saigner son front, la fièvre ne baissait pas et la toux augmentait de plus belle. Elle envoya quérir Kabla. Et, le soir, on vit Yamna poser son enfant sur un drap dont elle joignit les quatre bouts qu'elle serra entre ses dents. Elle se mit à quatre pattes et passa la nuit à ramper sur le sol, son garçon accroché à la bouche, jusqu'à ce que l'aube la surprît par terre, les genoux en sang, les joues enflées comme un tambour. Le lendemain matin, Raouf jouait dans la rue comme s'il n'avait jamais souffert d'un quelconque mal.

Quant à ses filles, elle préférait les voir emportées par la tuberculose que déflorées avant l'heure. C'est pourquoi elle s'employait à surveiller leur hymen dès le premier poil qui leur poussait sur le pubis. « Viens ici, c'est le moment de te ferrer », disait-elle.

Monsieur Joiffre rit aux éclats quand Béchir lui raconta les médications de sa belle-sœur. Après avoir achevé les travaux du train, le Français passait son temps à sarcler ses plantes et arroser ses fleurs quand il ne s'exerçait pas à jouer aux toubibs, les jours où quelques paysans affolés frappaient à sa porte pour l'implorer de venir soigner un gamin fiévreux ou assister un grand-père moribond. Il répondait toujours présent, enfilait une blouse blanche et des gants en cuir très fin et s'en allait manier la piqûre avec autant de doigté qu'une bourgeoise le pis d'une vache.

Béchir l'appela tout naturellement au secours en voyant que Raouf se remettait à souffrir de douleurs aux muscles et de migraines. Le jour de la visite, l'on enferma la gente féminine dans une pièce et l'étranger passa le seuil. Il tâta le pouls du petit, posa la tête sur sa poitrine, scruta sa langue, tapa sur ses articulations et lui administra pour tout médicament un sachet de poudre blanche. Ce matin-là, postée derrière le trou de la serrure, Yamna vit pour la première fois l'ami français de Béchir. Mais elle s'empressa de détourner les yeux, de peur de subir le sort de Jalila. Sait-on jamais ce qui pouvait arriver si elle fixait l'étranger et que la France lui subtilisait un jour l'un de ses enfants, à la manière des maladies mortelles…

Une semaine après le passage de Monsieur Joiffre, Raouf reprit le chemin de la mosquée et vint s'asseoir au milieu des trente gamins qui trépignaient sur une natte, le crâne rasé à portée du bâton de l'imam Hadj Ali, à passer l'encre sur l'alphabet des sourates dont ils ne comprenaient pas un traître mot. Les villageois crièrent au miracle, à commencer par Farès. Il ne resta pas un enfant ou un adulte de sexe masculin qui ne sollicitât sa science. Pour la deuxième fois, le doute traversa Yamna quant à la médecine des mécréants mais, si elle ne rechigna pas à lui reconnaître quelques bienfaits sur les siens, sa vie durant, elle demeurera hostile à en expérimenter personnellement les effets.

Béchir s'empressa d'assurer qu'il ne restait plus un domaine où Joiffre ne démontrât son savoir et son expérience, hormis celui du sexe et des femmes, car on ne connaissait pas au Nazaréen de fréquentation féminine et personne ne l'avait surpris en flagrant délit de zyeuter publiquement une musulmane. Le registre féminin était banni de son discours comme de sa vie, qu'il semblait avoir investie toute dans la noble mission de procurer du bien au peuple d'Ebba. À preuve, il venait de lancer une souscription pour construire une « vraie » école et avait initié le premier geste en offrant une liasse de billets, suivi par Béchir qui en proposa le double afin de confirmer la générosité légendaire des mahométans.

Lorsque, à cette époque, des gens du voyage rapportèrent que le Français traversait régulièrement la frontière algérienne à la nuit tombée et n'en revenait qu'à l'aube, Béchir les traita de menteurs. Et, le jour où un berger de la tribu des Twaba jura sur la tête du Prophète qu'il avait surpris le *gaouri*[1] derrière un talus en compagnie d'un autre Blanc à uniforme, Béchir ordonna de fouetter l'imposteur. Joiffre était un homme intègre et loyal, posé sur une terre qu'il avait acquise sans avoir à la demander, heureux de vivre parmi les Arabes, à cultiver son jardin et à se balancer sur son hamac quand il ne faisait pas profiter ces derniers des dons de sa civilisation. Alors, il faut cesser de salir sa réputation, espèce d'ingrats !

Pour la deuxième fois, Joiffre trouva en Béchir un allié. Celui-ci soutint le projet d'école du Nazaréen, alors même qu'il était le seul parmi ses frères à nourrir un mépris royal pour le savoir. Fallait-il conclure à un autre miracle du chrétien ou simplement à sa force de persuasion ? Le fait est que Béchir s'en alla prêcher la bonne parole auprès des siens. Le village argua que l'intégrité des âmes musulmanes ne pouvait se mettre entre les mains des impies. Leur corps, oui, mais leur âme, jamais ! Béchir opposa que Joiffre entendait construire l'école pour y donner des cours en arabe. Ses aînés répliquèrent qu'on n'avait jamais vu quelqu'un enseigner la langue d'Allah hors de la mosquée. C'est dans Sa maison que s'étudie Sa langue. Et puis quelle idée d'apprendre aux garçons autre

1. Étranger de confession chrétienne.

chose que les versets saints ! Quel ouvrage autre que le Coran peut contenir autant de connaissances sur le passé et sur le futur, sur les terres, les cieux et leurs mystères, sur l'origine du monde et sur sa fin dernière ? Depuis notre grand-père Adam, à l'instar des anges, les hommes récitent le nom de Dieu en arabe et enseignent la sagesse dans l'ouvrage signé de Sa main, pourquoi recourir à d'autres livres ? « Pour apprendre à compter, à lire des histoires, à connaître la géographie », a répliqué Béchir. Et pour quelle raison, donc ? Est-ce que ces gamins vont voyager ? Non. Est-ce que leurs mères ont autre chose à faire de leur existence que de leur raconter des fables, ingrates et folles qu'elles sont ? Non. A-t-on besoin de scribe pour tenir le registre des récoltes ? Est-ce que l'école de Monsieur Joiffre mettra un terme à la sécheresse et à la crue, épargnera nos champs des incendies et à nos épouses de mourir en couches ? Non. Alors, Béchir, s'il te plaît, cesse de parler de la sorte et occupe-toi de te trouver une femme au lieu de fréquenter un mécréant qui se goinfre de nos espaces et sa locomotive de notre temps !

Quelque chose se passa, cependant, quand Béchir leva soudain la tête et proposa à ses frères de demander l'avis de Yamna. Yamna ? Pourquoi l'avis d'une femme ? Personne ne sut répondre mais tous se retrouvèrent une heure plus tard chez l'épouse de Farès, comme poussés par une main invisible.

Yamna déboucha dans le patio de fuchsia parée, et les moustaches de Béchir frémirent. Elle ressemblait tellement à Jalila !

— Qu'en pensez-vous ? interrogea-t-il, en décochant son plus beau sourire.

Farès était étonné de voir demander son opinion à une femme sur un sujet qui relevait du pouvoir des hommes. Cet honneur n'aurait même pas échu à Arem, sa mère, Dieu ait son âme ! Toutefois, il prit garde de n'en rien montrer. Le souvenir de la mésaventure du hammam était encore trop présent et il ne pouvait se permettre le moindre faux pas.

Yamna leva les yeux. Mais, à la surprise de tous, elle ne pipa mot et se hâta de prendre congé.

Deux jours plus tard, elle envoya quérir Béchir et convoqua également son mari. Le jumeau de Farès débarqua dans une djebba de soie grise, la tête coiffée d'un chèche rutilant. Il portait des chaussures noires, au lieu des babouches traditionnelles, et sentait l'eau de Cologne des chrétiens. Il caressa la tête de Jamila, puis empoigna Raouf pour le poser sur ses épaules. D'un geste ferme, Yamna ordonna à ses enfants de quitter la pièce avant de déclarer que l'ancêtre des Chérif était venu la visiter en rêve. On lui avait appris qu'un certain Monsieur Joiffre savait lire et écrire et le saint avait répondu qu'aucune nation ne devait dépasser en savoir les musulmans.

Et Yamna, d'enchaîner :

— Est-ce bien vrai que le roumi sait lire et écrire ?

— Il en est ainsi dans son pays, la France.

— Il en sera ainsi chez nous, proclama Yamna sur le ton des oracles.

— Est-ce que je suis mort parce que je n'ai pas été à l'école des roumis, personnellement ? Est-ce que Monsieur Joiffre vaut plus que moi ? voulut protester Farès.

— Il faut laisser l'Étranger construire l'école.

— Et qui va la payer ? rétorqua l'époux.

— Les nôtres. Ils ont bien assez d'argent pour assumer les dépenses.

— Tu cours le risque de voir tes fils délaisser les champs de leurs ancêtres, crut moquer Béchir.

— Tu t'en es occupé toi, peut-être ? répliqua Yamna en regardant son beau-frère droit dans les yeux. Un jour viendra où personne ne se courbera sur un épi. Alors, à défaut, envoyons les garçons apprendre autre chose.

Béchir ne sut s'il fallait mettre les propos de sa belle-sœur sur le compte de l'ironie ou de la prescience ; si Yamna lançait un défi à Monsieur Joiffre ou à sa propre tribu. Pas plus que Farès, il ne s'expliquerait l'énigme de cette femme qui commandait avec l'air d'obéir. Et comme lui, personne ne comprendrait au village l'étrange fatalité qui se transmettait à travers elle, ses mots qui restaient arrimés à la terre pendant que son esprit filait droit devant, non pas à réfléchir, ce n'était pas affaire de femme, mais à assurer la survie du clan, à définir intuitivement la stratégie pour les jours à venir, à conserver la trame des gestes réguliers et l'assurance qu'ils dégagent, à adosser les murs de sa demeure sur un horizon qui demeurait interdit aux femmes. En vérité, Yamna était en train de devenir le cœur invisible du village. Les hommes savaient bouger, voyager, donner des ordres publiquement mais, si Ebba demeurait debout, c'était le pari de Yamna, force centrifuge qui permettait que tout revienne vers la source sans cesser d'indiquer des destinations inconnues. Sinon, comment expliquer que cette mère qui s'accommodait parfaitement de la réclusion fût sur le point de donner le premier signal de l'éducation des filles ? Que, plus tard, tout en se méfiant de la chose écrite, elle aurait le réflexe de ramasser les livres rapportés de l'école de Monsieur Joiffre pour les fourrer précautionneusement dans un mur du patio qui deviendrait une bibliothèque à ciel ouvert ? D'où venait-il, cette année-là, qu'elle hypothéquât une partie de ses bijoux pour aider à construire l'établissement scolaire du Français sans envisager, un seul instant, de concéder une once de son être aux étrangers ? Elle même ne le comprendrait pas. Elle savait seulement, d'après sa belle-mère Arem, que toutes les sept générations, il naissait aux Chérif un homme de savoir et d'envergure qui ne ferait jamais un soldat, mais un éclaireur du peuple. Il se pourrait que ce soit l'un de ses fils. Raouf, par exemple. Yamna n'aurait jamais songé à l'une de ses filles. De son point de vue, les filles avaient pour seule vocation d'agencer le monde dans le secret. Si elle accepta bientôt de laisser Jamila et Noura prendre le chemin de l'établissement laïc, ce fut par vengeance personnelle contre Aljia, la concubine de sa mère, et certes pas par conviction d'une quelconque utilité d'enseigner le savoir au sexe féminin. D'ailleurs, trois ans à peine après, elle les en retira sans regret.

Yamna lança à l'adresse de son mari et de son frère jumeau :

— Vous n'avez qu'à concéder le champ attenant à la mosquée pour y construire l'école. Vous enseignerez à la fois la langue de Dieu et celle des hommes.

Et elle fit virevolter sa quenouille.

Ainsi, la récolte était à peine ramassée quand une succession de toits en tuiles rouges, un préau et deux salles de classe surgirent de terre, aussi propres que le visage de la France, aussi millimétrés que sa science.

C'est à cette période que son beau-frère Amor revint de son septième et dernier pèlerinage.

La maladie qui allait le frapper édifia Yamna sur la puissance des saints vertueux.

Elle venait d'accoucher d'un garçon mort-né, lorsque Amor fut pris de convulsions. Ses muscles se raidirent et ses dents se brisèrent tant elles claquaient les unes contre les autres. L'imam se présenta à son chevet avec le trousseau de clefs destinées à guérir des maladies de ce genre, trousseau dont il ne se séparait jamais et qui formait sous sa djebba, à l'endroit du sexe, une protubérance qui lui valait le sobriquet de Grand Mâle.

Grand Mâle eut beau transpirer sur les membres et les articulations du malade, ce fut en vain. Amor continua de souffrir de ses crises et lorsque Farès lui proposa de le faire ausculter par Monsieur Joiffre, il refusa net, alléguant que la main du Français risquait de subtiliser son feu intérieur pour en alimenter les machines des Infidèles. Farès n'insista pas, il savait par Béchir que le Français était souffrant, voire à l'agonie.

On bourra le patient de plantes et de potions artisanales. Son état empira. Les tremblements le secouèrent si fort que Kabla assura identifier dans sa poitrine, au niveau du cœur, la source dont soufflait le vent. C'est alors que Farès trouva l'occasion de le confier aux médecins de métier. On le jeta sur une charrette, destination l'hôpital du chef-lieu. Le docteur conclut à la nécessité de l'hospitaliser immédiatement. Amor tenta d'ouvrir les yeux mais cela n'eut aucun effet. Selon toute vraisemblance, la maladie avait jeté un voile sous ses paupières comme on interpose une porte contre la lumière du jour.

Une après-midi, en entrant dans la chambre, l'infirmier la trouva vide. On appela le médecin, l'anesthésiste, le gardien, personne n'avait vu Amor sortir. On alerta ses frères.

Très vite, l'on accusa la science moderne d'avoir tué Amor et les blouses blanches de l'avoir enterré clandestinement pour ne pas subir la colère de sa famille.

Certains prétendirent que le fils des Chérif avait recouvré sa santé en réussissant à cautériser ses plaies internes avec les rayons de ses yeux et qu'il avait repris ses pérégrinations à travers le pays. D'autres démentirent. La famille se divisa en trois camps : le premier affirma qu'Amor avait disparu comme il avait coutume de le faire et s'en était allé parmi les ermites du désert ; le deuxième exprima sa conviction qu'il était mort et enterré ; quant au troisième camp, il refusa de croire à la mort de l'homme sans conclure pour autant à sa survie.

Ce sont les tenants de cette dernière hypothèse qui continuent jusqu'à ce jour à chercher Amor, à l'instar des descendants de Gadour qu'anime encore l'espoir de retrouver le trésor compté sous les yeux de Yamna. À ce propos, il y a quelques années, le fils d'un de mes oncles maternels m'a écrit pour solliciter une faveur. Il voulait que je lui ramène de Paris un détecteur de métaux. J'ai répondu que de tels objets ne peuvent entrer en Tunisie sans une autorisation spéciale. Il s'est répandu sur mon manque de cœur et mon peu d'intérêt pour le patrimoine familial…

Par un étrange tour du destin, c'est à l'époque où Yamna s'estima à l'abri des coups du destin que Tahar, son fils aîné, revint de

Tunis accompagné d'une jeune femme dont l'allure provoqua la stupéfaction.

« La bru-surprise », comme l'appelèrent bientôt les gens d'Ebba, de son vrai nom Soraya, raconta dans un dialecte à peine compréhensible et avec force manières qu'elle était née dans le palais du Bey où son père assurait la fonction d'intendant. Elle accompagnait les princesses là où elles se rendaient, narra-t-elle, se promenait en calèche sur les avenues de Tunis, parfois avec un simple chapeau en guise de voile. Partout où la corbeille des jeunes demoiselles débarquait, l'on vidait les lieux, y compris la salle tapissée de rouge où, affirmait-elle en clignant des yeux, l'on voyait s'animer sur le mur des images qui bougeaient et qui parlaient comme dans la vie. Les doigts de fée de Soraya avaient appris à coudre et à broder par les soins de *maalma* italiennes et son léger dandinement renseignait sur les soirées où elle dansait avec les hommes, on appelait cela des « bals », au son d'un instrument qu'elle nommait l'« accordéon » sans qu'aucun villageois ne comprît, là plus qu'ailleurs, de quoi il retournait. Quelqu'un aurait-il entendu les sons sortir d'un instrument autre que la flûte accompagnée du *tabbal*[1], et les créatures vivantes se modeler sous d'autres doigts que ceux d'Allah ?

Yamna observa avec réprobation la jeune femme qui venait de s'installer chez elle contre sa volonté et, n'eût été le scandale, elle l'aurait chassée. Soraya pouvait raconter ce qu'elle voulait sur sa vie en ville, ceindre son front de la couronne du Bey et prétendre descendre du ventre d'une sultane, le fait est qu'elle ne paraissait pas lestée d'un noble héritage, loin de là, eu égard aux deux valises en carton avec lesquelles elle avait débarqué. Elle ne comptait pas un seul saint dans sa famille et prononçait l'arabe avec une intonation mielleuse qui avalait la moitié des voyelles. Pire, on ne connaissait pas les parents de l'intruse et personne, à commencer par Yamna,

1. Tambour à deux faces.

ne saisirait jamais comment ces «gens-là» avaient laissé partir leur fille sans la marier convenablement et sans même l'accompagner jusqu'à sa demeure conjugale. Yamna décréta que la venue de Soraya constituait l'une des plus grandes aberrations survenues à Ebba depuis le second mariage de son propre père avec Aljia.

Elle envoya chercher Esméralda afin de se renseigner sur ce qui se disait au village à ce propos. L'Espagnole lui rapporta qu'à l'arrivée tête nue de Soraya les hommes s'étaient massés aux abords de la mosquée pour la prière du vendredi et que l'imam aurait prédit le début de la fin des musulmans. Mais Yamna sut également que la robe blanche arborée par sa bru avait fait sensation chez les femmes, ainsi que ses chaussures à talons et sa parure en toc.

Esméralda raconta aussi la version selon laquelle Soraya aurait été ramassée dans les quartiers malfamés de Tunis et que le titre de fille de l'intendant du palais était pur mensonge. Yamna prit sur elle et répliqua, via la vendeuse ambulante, que la seule vérité qui vaille était celle de sa belle-fille. L'on demandait à voir, rétorquèrent les mégères. Et la maison grouilla de villageoises dont certaines sortaient pour la première fois et de demoiselles accourues des bourgs avoisinants, flanquées de leurs frères qui les attendaient en tapant le carton sur la place du village. Il devenait certain que Yamna introduisait à nouveau l'Étrange à Ebba sans le vouloir forcément et que l'Étrange en question s'appelait cette fois-ci Soraya.

Les domestiques furent payées pour rapporter les faits et gestes de la bru des Chérif, son incapacité à s'occuper de son foyer, ses mains blanches qui ne servaient à rien, ses tentatives culinaires insipides qui portaient des noms bizarres et avaient l'apparence visqueuse et grise des crachats, sans compter qu'il devait s'y glisser, à coup sûr, quelque substance destinée à ensorceler son mari. Les racontars furent si nombreux, les moqueries si bruyantes, que Yamna se persuada d'agir vite et bien.

Lorsque le bruit de la mort de Gadour sous les balles se propagea, la plupart des fiancées perdirent le goût pour les noces. Quant aux épouses qu'il avait possédées dans leur jeunesse, Yamna raconta qu'on les vit sortir voilées de pied en cap et, prétextant d'aller laver le linge, elles se dirigèrent vers l'oued et se mirent à chanter en cercle, les mains frappant en cadence leurs cuisses, les pieds s'écorchant sur les pierres, jusqu'à voir couler leur sang dans le lit des eaux pendant que le vent emportait au loin l'écho de leurs rimes endeuillées.

Gadour était alors bien vieux, mais il avait eu la mauvaise idée de remonter sur son cheval pour chasser la vierge. Et d'aucuns virent dans sa mort la revanche de sa première épouse, Tounès. Cela dit, rien ne prouve que les escadrons du Bey y furent pour quelque chose. Il se pourrait même que la rumeur servît à apaiser la hargne des adversaires du « Lion », maquillant sa mort naturelle en assassinat. À moins qu'il ne s'agisse de l'œuvre d'un poète désireux de raviver sa légende…

Yamna apprit la nouvelle alors que Soraya affichait les premiers signes d'une grossesse que les mégères trouvèrent suspecte parce que survenant à peine quelques mois après son arrivée… Yamna n'eut ni le cœur ni la patience d'enquêter sur le ventre de sa bru. Elle cherchait à connaître les conditions du décès de son père. Gadour aurait été retrouvé sans vie sur un talus. Des paysans rapportèrent qu'un groupe de gens armés l'aurait surpris dans son sommeil et l'aurait trucidé avant d'abandonner son corps dans la nature. Aljia nia avoir vu rôder un quelconque uniforme. Son homme dormait à ses côtés lorsque Dieu l'avait rappelé à Lui. Sa gorge à couper ! Des tribus adverses prétendirent que Gadour avait été occis par un collectif de pères en colère qui s'étaient engagés dans la défense des vierges. D'autres que ce fut un acte politique perpétré par des « nationalistes » qui auraient préféré le voir manger du Croisé que bouffer les pucelles.

Yamna renonça à connaître les circonstances de la mort de son père quand Aljia lui fit répondre simplement ceci : « Chacune son secret. Et certains secrets valent de l'or ! »

Et le village se tut. Sauf des sanglots rentrés des anciennes amantes de Gadour qui s'échappaient la nuit sur les collines et dans les plaines, à tel point que certains nomades prirent l'habitude de contourner Ebba, croyant dur comme fer que le village était hanté.

Yamna entreprit de s'occuper de l'éducation de sa belle-fille. Un matin, elle déposa sur son lit une mélia, deux fibules et une ceinture. Et elle vaqua à ses affaires. Midi vint sans que la jeune femme se montrât. Yamna poussa la porte de sa chambre. Soraya avait le visage pâle et les yeux hagards. Elle venait de tourner et retourner le tissu dans tous les sens sans savoir s'il faisait office de drap ou d'habit. Elle avait cherché en vain les coutures, un endroit par où passer la tête ou les bras et avait fini par se laisser choir sur son lit.

Yamna s'avança vers elle et lui ordonna d'ôter sa robe de chambre. À part le ventre qu'arrondissait la grossesse, Soraya avait les membres si graciles et les attaches si fines que Yamna craignit qu'elle ne fût la prochaine victime par alliance de la tuberculose. Patiemment, elle déplia la mélia, une couche, une deuxième, l'enroula sur sa bru, serra doucement la taille dans les fils de coton et accrocha les fibules.

Soraya eut l'impression d'avoir changé de corps. Elle adopta une démarche hésitante, trébucha dans les tissus et ses épaules saignèrent sous la griffure des fibules.

Quelques jours plus tard, Yamna attaqua le chapitre relatif au ménage : « Tu verras, c'est plus facile ! » La campagne s'accommodait des gestes les plus simples. Pétrir le pain, nettoyer la marmite de couscous quotidienne, laver la vaisselle, battre la laine et trier les épices. On commença par charger l'étrangère de ces exercices, de crainte de mourir de faim si on s'avisait de lui confier la préparation des vrais plats. Elle passa son temps à hacher, moudre et récurer avant que Yamna ne lui donne d'autres tâches ; lesquelles mirent en péril cette fois la vie de l'intéressée : comme prévu, Soraya se brûla les mains en collant le pain sur les parois du four en terre, faillit griller comme un méchoui en cuisant les poivrons à même le charbon et fut repêchée de justesse au bord du puits où elle remplissait l'eau.

Des mois passèrent encore. Puis, un jour, Soraya, son bébé serré derrière le dos, la mélia balayant le sol, surprit sa belle-mère en déposant sur ses genoux un plateau. Yamna plongea la main dans la semoule garnie de raisins frais et d'un filet de miel. La sauce orangée fleurait le clou de girofle et les graines enduites de *sman*[1] se séparaient aisément. Les légumes et la viande caracolaient à la surface et des piments frits assaisonnés au cumin avaient été disposés en garniture.

Yamna renvoya sa bru avec un sourire. Chez elle, lorsqu'on avait passé le test du couscous, le reste n'était que littérature.

De ce jour, Soraya choisit de rester à la campagne avec son mari et oublia qu'elle fut une fois la descendante de l'intendant du Bey.

Une décennie avant la fin du siècle, obligée de quitter son village, Yamna sut que l'on viendrait à Ebba pour photographier la seule femme qui avait hérité de son costume, la seule qui cuisinait encore le couscous au *sman* et se parfumait au *zbad*[2], qui se querellait avec les djinns et invitait les saintes à partager ses repas. Yamna avait édifié sa bru sur toutes ces choses-là. Le reste, Soraya s'y emploierait en reprenant patiemment le parcours de sa belle-maman pour en saisir l'essence devenue sa raison d'exister.

Farès se réveilla un jour avec, de nouveau, le désir de prendre une deuxième épouse. Personne ne sut s'il fallait mettre cette lubie sur le compte de la présence de sa belle-fille dans les murs – qui aurait relancé sa libido –, ou sur un deuxième coup monté par Aljia.

1. Beurre rance.
2. Pommade parfumée.

Le fait est qu'il prêta l'oreille aux mauvaises âmes venues lui susurrer que sa « maison » se gâtait, qu'il lui fallait embrocher une tourterelle de vingt ans capable de lui remettre des étoiles dans les yeux et de l'huile de vigueur dans les membres.

Ce matin-là, Esméralda arriva essoufflée comme d'habitude. La gitane qui engrangeait le siècle devait sa longévité à la marche tout autant qu'aux nombreuses vies emmagasinées dans ses commérages. Elle informa Yamna à demi mots de la rumeur selon laquelle Farès aurait aperçu la vierge des Ben Guerfal. Ces derniers auraient laissé entendre qu'il suffisait d'un mot pour emporter la marchandise. Farès était beau et riche, il descendait d'une famille apparentée au Prophète, c'était un honneur que de s'allier à sa tribu. Selon la gitane, Farès aurait cherché conseil auprès de son frère Béchir et de quelques notables, lesquels lui auraient suggéré de faire pression sur Yamna en allant la voir en *jabhiyya*[1]. Le convoi d'hommes viendrait jusque chez elle afin de demander son aval, c'était une concession de taille. En général, on se passait de l'autorisation d'une épouse quand l'envie vous en venait d'en prendre une deuxième, une troisième, voire une quatrième.

Et la gitane se leva. Yamna lui tendit un bracelet en or sans rien acheter de sa valise.

C'est son fils Raouf, alors adolescent, qui courut au-devant de ses oncles paternels accompagnés des notables et de l'imam. Il annonça la venue de ces messieurs avec le traditionnel cri : « Dégagez les lieux ! Dégagez ! Les hommes arrivent. »

Le garçon fut surpris de ne pas entendre sa mère frapper des mains derrière la porte pour signaler qu'elle envoyait ouvrir. Non, il vit ce que jamais il n'aurait cru voir de ses yeux ! Les deux battants claquèrent, le patio se déversa dans la rue, et Yamna apparut sans voile sur la tête. Ce fut comme de déclarer la guerre aux musulmans

1. Délégation de notables censés obtenir satisfaction à une requête donnée.

de la terre entière ! Elle avait en outre coincé le bas de la mélia au niveau des hanches et tenait dans chaque main un couteau de boucher. Barrant de son corps le passage des hommes, elle cria :

— Faites encore un pas et je vous massacrerai l'un après l'autre ! Osez me demander ce que vous avez l'intention de demander et je vous saignerai comme les moutons de l'Aïd !

Raouf courut instinctivement vers sa maman et observa le camp des hommes. Ils avaient le visage blême, les traits de cire, et le gamin dut penser à l'histoire de l'ogre, racontée par Yamna, dont le regard transformait les méchants en statues.

Ce jour-là, un voile noir couvrit le ciel et une nuée d'oiseaux passa au-dessus des têtes avant de s'engouffrer entre les flancs du djebel Charda. Raouf entendit le frémissement des burnous, le bruit des pas qui reprenaient le chemin des échoppes ou de la mosquée. La porte se referma en le laissant à l'extérieur. Le lendemain, il entra à l'école le cœur rempli d'une volonté de défier plus tard les ennemis de sa mère, davantage que de leur apporter les bienfaits du savoir.

Pendant quarante jours, Farès chercha refuge dans sa tribu. Yamna s'assit sur sa peau de mouton et fila sa laine. Ebba se mit à tisser la métaphore de sa sublime crinière, aperçue en ce jour qui vit la nuit tomber plus tôt sur le village.

La sortie de la fille Gadour « nue » et armée de couteaux, sa folle tentative de s'opposer à la volonté des hommes vinrent s'ajouter à la séquence du hammam où Farès avait été dissuadé une première fois de convoler en secondes noces. Mais, si étonnant que cela puisse paraître, la gent masculine se refusa à condamner publiquement la « maison » de Farès et fit rapidement savoir que ces agissements n'entamaient pas sa réputation. Cette dame au caractère bien trempé prouvait que les femmes n'étaient ni mortes ni enterrées et, par conséquent, qu'il n'y avait nul besoin de changer la loi les concernant. Les plus futés avaient compris, en effet, qu'au lieu de blâmer Yamna et d'exacerber sa révolte, il valait mieux détourner sa colère vers d'autres sujets, comme on détourne les sorties des fleuves vers les lits réguliers, et user de son énergie combative au profit des affaires courantes d'Ebba.

Pour autant, l'épisode essaima à travers les plaines et marqua l'esprit des femmes qui perdirent de leur docilité. Certaines se mirent à aiguiser des lames qu'elles cachaient sous leur matelas, au cas où. Le désir des mâles s'émoussa et leur envie de prendre une concubine s'affaiblit. Ce fut une année de quiétude pour les épouses qui détendirent leur existence comme un dormeur détend ses membres dans un grand lit à lui tout seul.

Quand il fut établi que Yamna s'était taillé une célébrité des kilomètres à la ronde, Ebba lui témoigna son allégeance en lui confiant, sans jamais l'avouer au grand jour, la gestion de ses litiges. Lalla, comme on l'appelait désormais, prodigua ses conseils aux villageois, assise derrière un rideau qui la séparait des hommes, répondant aux questions et dénouant les conflits. Elle donnait les prévisions sur la pluie et la sécheresse, tranchait les différends entre pères et fils, conseillait sur les alliances matrimoniales, les règles de voisinage, le comportement vis-à-vis des Infidèles et bientôt le soutien logistique à apporter aux fellagas d'Algérie venus chercher refuge dans la région de Sakiet Sidi-Youssef. Farès observait sa femme d'un œil amusé. Il savait que, après avoir écouté les plaignants et tapé deux fois dans les mains pour leur signifier qu'ils pouvaient partir, Yamna allait le quérir, lui ou l'un de ses fils, avec la mission de rapporter son verdict car, en ces temps-là, il était interdit aux messieurs d'entendre la voix des dames. En principe.

Lorsqu'elle tenait une réunion secrète avec les femmes mariées, le propos tournait essentiellement autour du sexe. Yamna dictait des recettes pour soigner l'impuissance masculine ou la sécheresse vaginale, à moins que ce ne fût ce mal mystérieux qui s'emparait parfois des veuves, les faisant tomber enceintes alors qu'aucun homme ne s'était hasardé à l'intérieur, puisque leur mari avait trépassé depuis des lustres ! Dans ce cas, Yamna concluait au diagnostic de l'« endormi », ce bébé conçu du vivant de l'époux mais qui se serait assoupi pendant des années, sous la coupole utérine, douce et à belles nervures. La maman n'y pouvait rien, Dieu seul le réveillerait un jour et le pousserait vers la sortie.

Yamna présida aux rituels des saints et il lui revint de sceller le sexe des jeunes filles. La maison bruissait du froufrou des petites robes, des rires nerveux qui perçaient au milieu des psalmodies, des cœurs incrédules qui transparaissaient dans les yeux et fondaient parfois en larmes. Les adolescentes tournoyaient, avalaient avec dégoût le raisin maculé de leur sang et s'en allaient après avoir remercié Yamna, sans savoir exactement de quoi.

C'est ainsi que la réputation de couseuse d'hymens finit par éclipser celle de violeur de vierges accolée à son propre père.

La maison s'engorgea de moutons, de volailles et de sacs de farine, de couffins de victuailles et de tissus en lamé fuchsia que les plus aisés apportaient en guise de remerciements. Yamna eut droit aux attaques de ses ennemis aussi. Mais que ses actes fussent loués ou calomniés importait peu, elle les imposait, telle une fatalité inhérente au cours des choses et à la destinée des siens.

L'année où il se dit que les Français venaient de commencer la guerre sous d'autres cieux, Yamna avait presque fini de débarrasser Ebba de ses abcès domestiques et de ses conflits claniques. On allait jusqu'à lui prêter des propos guérissant les épileptiques et les malades de l'esprit, des prières qui avaient le pouvoir de stopper l'orage ou de geler les sources d'eau, des recettes qui transformaient le ventre des femmes en terre de labour et le cœur des hérétiques en sèches étendues.

Sa renommée faillit la faire accuser de sorcellerie, le jour où, avec l'objectif de lui nuire, Aljia prétendit qu'elle roulait le couscous avec une main de mort déterrée d'une tombe.

C'était l'année où son fils Raouf obtenait son certificat d'études primaires. Son maître de sciences naturelles proposa alors un cours pratique dans la réserve de Yamna, ce qui bien évidemment scandalisa cette dernière. Il ne manquait plus qu'elle laisse entrer des hommes dans sa maison et qu'elle lève le couvercle sur ses recettes, c'était comme de concéder une part de son être. Les hommes avaient leurs secrets, les femmes avaient les leurs, il ne fallait pas confondre.

Bien qu'elle eût son opinion sur tout et officiât comme personne, Yamna refusa de se prononcer sur le cas de Béchir. Son beau-frère venait de s'attribuer le titre de Béchir Ben Rabbi, se prenant pour le maître de l'univers. C'était juste après une discussion avec Monsieur Joiffre, paraît-il. Le Français, moribond, avait parlé de la mort de Dieu au fils des Chérif venu lui rendre visite. « Ah bon ! Dieu n'est plus ? — C'est tout comme, avait répliqué Joiffre, car en réalité, Il n'a jamais existé. »

Au lieu de constituer un motif de crise existentielle, la nouvelle de la mort de Dieu requinqua Béchir. Il y trouva la raison pour laquelle sa sœur Jalila avait succombé, mit sur son compte le handicap et la maladie, l'impuissance des musulmans à fabriquer une locomotive ou une de ces grandes caisses à quatre roues qui s'était immobilisée l'autre jour sur la place du village sans cris ni fumée, provoquant le plus grand attroupement depuis la fois où le ciel était tombé en débris, soit, à peu près, l'année où sa belle-sœur Yamna avait vu le jour.

Une après-midi, après un déjeuner bien arrosé, Béchir se posta tout près de la mosquée, déterminé à faire son prêche sur la disparition de Dieu et d'inciter à marcher derrière Sa dépouille. L'imam dut dépêcher une poignée de croyants chez ses frères pour leur demander de raisonner le blasphémateur. N'étaient le rang de la famille et l'honneur de la tribu, il aurait ordonné de le fouetter en public.

De ce jour, Béchir se sentit déchargé d'un poids qui l'oppressait et donna libre cours à ses instincts. Il abandonna l'achat de chevaux de race pour s'offrir le luxe de commander la première voiture du village dont il caressa les courbes tous les soirs avant de s'endormir le sexe émoustillé. Il se reprit soudain d'appétit pour le labourage et les récoltes et réussit, sous prétexte d'augmenter le rendement des domaines familiaux en recourant aux moissonneuses modernes de l'excellent Joiffre, à spolier en partie ses frères de leurs biens fonciers. Yamna dut faire des économies sur le ménage et envoyer chez le bijoutier quelques bracelets en gage.

La fortune de Béchir prospéra et son prestige s'établit des kilomètres à la ronde. Il engagea des métayers par dizaines et sa maison se remplit de domestiques, chacun d'eux assigné à une tâche précise. De sorte que son intendance comprenait le préposé aux grillades de gibier, l'égorgeur de moutons, la gamine qui maniait l'éventail à l'heure de la sieste, le fils du paysan qui accrochait le fusil de chasse, l'autre qui ôtait les souliers noirs en tout pareils à ceux de Monsieur Joiffre, et même un jeune bossu que Béchir faisait venir régulièrement de la grand ville chargé d'une cargaison dont les odeurs pestilentielles se répandaient sur le village, on eût dit des cadavres en décomposition : des caisses remplies de bêtes grises et visqueuses qu'on appelait « poissons ».

Yamna savait que toute cette ribambelle de gens engagés au service de son beau-frère s'entassaient dans une grange où ils vivaient avec les bêtes. L'on fermait la porte à clef, sans se soucier de ce qui se passait à l'intérieur. Or, il s'y passait ce qui devait se passer entre les hommes et les femmes, même si Béchir n'en avait cure, ni n'aurait songé un seul instant à marier les couples. Est-ce qu'on établit des contrats entre les animaux ? Les femmes gonflaient, vêlaient en même temps que les vaches, sans s'arrêter de trimer. Les hommes maniaient la faux et la charrue, nettoyaient les puits et sarclaient les arbres, passaient la chaux et débouchaient les fosses septiques, pendant que les rejetons des notables venaient tâter de la cuisse d'esclave ; les petits riens naissaient sans que l'on sache de quel ventre ils chutaient ni qui en était le père, on les découvrait un jour rampant tout près du puits ou assis à observer Béchir attablé devant un festin. Le bébé souriait au maître, un doigt de pied dans la bouche, la morve jusqu'au nombril. Béchir faisait une grimace de dégoût et chassait l'enfant avec le mot réservé aux chats : *Kiss !*

Cette promiscuité imposée aux domestiques finit par faire jaser, mais personne n'osa émettre publiquement des critiques. Sauf Farès et l'imam : le frère jumeau de Béchir fulminait pour la forme contre l'impossibilité d'inscrire les prénoms des nouveau-nés sur les registres de l'État et d'insérer un patronyme dans la case géniteur ; l'imam dénonçait le mélange païen des sexes qui régnait dans le réduit de Béchir et qui, selon sa rhétorique habituelle, préfigurait l'Enfer !

Quant à Yamna, elle gardait le silence, comme chaque fois qu'il s'était agi de son beau-frère.

Pourquoi ? Personne ne savait. Même pas sa fille Noura qu'elle avait réveillée une nuit alors que l'adolescente dormait à poings fermés. Elle lui avait fait signe de la suivre, la petite courut pieds nus, les yeux à moitié fermés par le sommeil, ne cherchant pas à comprendre l'importance de l'événement qui la faisait traverser le village au chant du coq.

Cette nuit-là, donc, Yamna prit le chemin de Sidi Askar et toutes deux traversèrent les rails qui l'en séparaient. Yamna descendit les sept marches du mausolée, ôta son *safsari* et extirpa de son giron un paquet de bougies qu'elle alluma en entier. La coupole s'éclaira et des ombres dansèrent sur les fils des toiles d'araignés. Les murs se creusèrent par endroits, formant de petites ouvertures où clapotait le doux flux des invocations.

Yamna tourna autour du tombeau recouvert d'un tissu vert. Et, soudain, elle jeta son voile par terre et se mit à frapper de toutes ses forces sur le couvercle en bois : « Tu n'as donc pas entendu mes appels au secours ? Es-tu sourd et aveugle à ce point ? » Noura se tourna de tous les côtés pour identifier l'interlocuteur de sa maman mais elle ne vit personne. Elle comprit que Yamna s'adressait au saint qu'elle était seule à voir : « Je suis humiliée et tu fais semblant de ne pas le savoir. Je suis salie et tu veux que je continue à blanchir tes murs. Crois-tu que tu mérites l'amour que je te porte ? Réveille-toi, donc, réveille-toi, vieillard hypocrite ! » Noura connaissait bien sûr l'habitude de sa mère d'interpeller son ancêtre comme on le ferait avec un être ordinaire, mais de là à lui manquer de respect et s'y prendre par l'insulte…

Pour finir, Yamna porta à sa bouche la relique verte qui recouvrait le tombeau et la déchira de ses dents : « Tu es un bon à rien ! Ingrat et impuissant ! » lança-t-elle avant de tourner les talons. Noura eut juste le temps d'apercevoir le bois de la sépulture se fendre en deux et un filet de sang en ruisseler. Elle courut derrière sa maman, s'accrochant à son *safsari* pour monter les escaliers et la nuit les raccompagna jusqu'au pas de la maison avant de s'éloigner sur son sentier.

Maintenant qu'il lui restait si peu à vivre, Yamna pouvait raconter à sa bonne la raison qui l'avait jetée cette année-là dans le mausolée de son ancêtre. Elle évoqua la nuit aveugle, disparue du calendrier, où son beau-frère l'avait coincée dans le patio alors qu'elle était sortie éteindre un feu resté allumé. Il avait surgi de nulle part et l'avait plaquée contre le mur ; cette nuit où elle avait perçu dans le regard de son agresseur le reflet des yeux de son père Gadour. Et où Béchir avait cru tenir dans ses bras le sosie de sa sœur Jalila.

Il lui a fallu être au seuil de la mort pour pousser la porte de son cœur où nichait le secret. Un demi-siècle durant, elle n'avait fait que remblayer sa mémoire, brouiller les pistes et mélanger le vrai et le faux afin que personne, y compris elle-même, ne sût jamais ce qui s'était réellement passé cette nuit-là.

La maladie emporta Monsieur Joiffre l'année où le bruit courut que ses compatriotes vacillaient devant la résistance des nationalistes. Et le scandale éclata le lendemain de sa mort lorsque Béchir exigea de l'enterrer dans le cimetière du village. L'imam fendit la foule, claudiquant sur sa canne de bicentenaire, (*selon les dires de Yamna*), suivi d'une cohorte de fidèles qui menacèrent de jeter le frère de Farès dans la même fosse que son ami chrétien s'il s'obstinait à vouloir le loger dans l'au-delà des musulmans.

Béchir avait, toutefois, préparé son argumentation :

— Bandes d'abrutis ! Vous ignorez que dans ce cercueil gît l'un des vôtres.

Le brouhaha continua.

— Cet homme a investi toute sa foi dans la religion de notre bien-aimé Prophète et l'a servie de toute son âme. Oui, Joiffre était musulman comme vous et moi !

Le brouhaha cessa.

— Foin de blasphème, fils de Chérif! intervint l'imam, son gourdin levé au-dessus de la tête des croyants.

— Je ne fais que dire la vérité, je le jure ! Notre frère Joiffre a embrassé l'islam et j'en fus témoin. Seules son humilité et sa piété l'ont empêché de rendre publique sa conversion.

Un murmure traversa l'assemblée. Farès ajusta son chèche et lança :

— S'il en est ainsi…

— Joiffre a plus de mérite que nous tous ! interrompit un jeune barbu. Un converti vaut deux musulmans de souche. Et passe le paradis sans contrôle.

Le sort de Joiffre parut scellé. Du moins en partie.

Car Béchir, estimant le moment propice, attaqua avec plus d'élan :

— Je vous rappelle par la même occasion que le défunt a doté Ebba d'un train et d'une école. Il vous a appris les nouvelles techniques de la terre, vous a enseigné le respect des animaux et a sauvé plus d'un d'entre vous de la maladie, mon frère en premier.

— C'est vrai, reconnut Farès.

— C'est ce qu'on appelle des miracles, en profita Béchir. Pour cette raison, je propose de l'élever au rang des saints et de lui construire une tombe digne de lui.

Ainsi vint s'adosser au cimetière des musulmans le mausolée du Nazaréen. Peu à peu, par la force persuasive de Béchir, naquit la légende de Sidi Joiffre que les villageois commencèrent à vénérer sans savoir jamais si le Français était un vrai ou un faux mahométan, un homme de grande honnêteté ou un espion de la pire espèce. Yamna, quant à elle, se refusa à accorder du crédit au colon et se jura de ne jamais honorer sa mémoire ni d'égrener un vœu sur sa tombe.

À partir de ce moment, Béchir passa son temps à entretenir le sanctuaire et à promener les deux chiennes de Monsieur Joiffre d'une manière qui ne laissa pas de choquer les villageois. À force de le voir sortir quotidiennement les clébards, les nourrir et les nettoyer, les fidèles l'accusèrent d'hérésie, en effet. Il avait enfreint la défense faite aux musulmans d'apprivoiser les chiens, ces méprisables créatures suspectées de posséder sept âmes taillées dans la peau du *Chaïtan*[1]. Pire, les canins avaient la particularité de chasser les anges de chaque maison où ils pénétraient.

Béchir se fichait de ces allégations et avait autre chose à faire que de se préoccuper des interdits de ses coreligionnaires. Il se levait plus tôt qu'à son habitude, s'en allait avec les chiennes à travers les champs, revenait vers le village qu'il traversait de long en large. Il se formait alors un groupe de gamins qui se retenaient à grand-peine pour ne pas asséner des coups de pied dans les flancs des bêtes.

1. Le Diable.

Béchir les chassait vigoureusement quand il ne leur distribuait pas des horions qui laissaient leurs joues en feu. C'était un réel spectacle que de voir tenus en laisse ces animaux en principe voués à errer dans les rues, avançant tranquillement au pas des promeneurs, sans se baisser pour ramasser un os ni lorgner le mollet d'un mahométan qui passerait à proximité. Il y avait dans leur démarche comme de l'arrogance. Appartenir à un milieu de colons leur faisait sans doute croire qu'ils avaient hérité du statut de leur maître.

Le soir, Béchir s'en faisait accompagner pour aller arroser les fleurs tout autour du mausolée. Il montait ensuite sur la coupole et regardait tomber les étoiles sur la plaine, y cherchant probablement quelques signaux envoyés par son ancien compagnon.

Son comportement eut beau faire jaser, il ne rogna pas son prestige. L'homme avait péché en fréquentant les roumis et en cuvant leur vin, certes, mais il avait réussi à convertir l'un d'eux, adjoignant à la communauté des croyants une âme supplémentaire et du meilleur cru, qui plus est. Il avait spolié ses frères, mais ces derniers restaient ses frères et leur fortune brillait sur le même fronton familial. Il se comportait comme un tyran avec ses métayers et sa maison grouillait d'esclaves parqués comme du bétail, compressés comme des figues dans un couffin, mais comment faire avec les petites gens autrement qu'en suivant l'adage arabe : « N'achète jamais l'esclave sans le fouet avec ! »

Sa réputation en prit cependant un coup lorsque les chiennes de Joiffre jetèrent l'effroi sur le village. Alors qu'on ne les avait jamais surprises à pisser ou à déféquer dans la rue, voilà que l'une d'elles tira un jour sur sa laisse et lâcha un filet visqueux, mine de rien, juste devant la mosquée.

Une traînée de feu passa soudain dans le ciel. En quelques instants, Ebba cliqueta du bruit des seaux et des casseroles en tout genre. Les porte-joie[1] et les brosses sortirent des placards pour frotter, décaper

1. Balais.

et bannir les traces de la souillure. Des heures durant, l'on fit couler l'eau dans les plis et les rigoles autour de la mosquée et dans ses environs, et encore, il fallut attendre la saison des pluies pour que l'imam déclarât l'endroit définitivement débarrassé du péché !

L'on vint raconter à Yamna que son beau-frère dormait certains soirs dans le mausolée de Joiffre, tout serré contre les chiennes. Qu'il les faisait manger à sa table dans la même gamelle. Et que, d'autres soirs, l'on apercevait l'homme et les bêtes vaciller sous le clair de lune, ivres morts. C'est à cette période que le village posa la question jamais posée : pourquoi Béchir n'avait-il pas pris femme ? Son manque d'intérêt pour les filles d'Ève expliquerait-il son attirance pour les bêtes ? Aurait-il trouvé chez les chiennes de Joiffre ce qu'il n'avait pas trouvé chez les femelles de son espèce ? Et Ebba se mit à fantasmer sur les créatures canines et sur les va-et-vient du sexe de Béchir dans le conduit animal, la sueur qui couvrirait les corps, les aboiements en guise de râles, l'écho qui s'insinuerait jusque dans les lits du bordel Darbiche, non loin de là. Mais, davantage que le châtiment divin, tout le monde craignit que les chiennes, confondant le membre de Béchir avec l'os d'un boucher, ne plantent leurs canines dedans et ne l'avalent sans croquer.

Une chose est sûre, c'est à cette période que les champs furent recouverts d'un duvet de mauvaise teinte, un gris sale où peinait à s'épanouir le sourire des coquelicots. Les femmes se mirent à accoucher d'enfants bizarres avec des têtes surmontées de cornes ou d'une peau de batracien, parfois un entrejambe garni d'un zizi tordu ou atrophié. L'on rapporta que certaines épouses profitaient de la nuit pour aller enterrer les bêtes dont elles accouchaient, lesquelles ressuscitaient au petit matin et s'en allaient gambader sur les collines, lièvres et renards, boucs, sangliers et loups. Leurs hurlements, grognements, meuglements, finirent par faire plus de vacarme que les youyous des mariages, devenus rares tant les hommes avaient peur de se tromper de tunnel et les femmes de donner naissance à des créatures à pattes ou à museau.

Un soir, alors que Béchir était en déplacement dans un bourg voisin, des coups de feu retentirent et les deux chiennes tombèrent raides mortes.

Béchir ne dit rien à son retour. Mais l'un de ses bergers rapporta qu'il l'avait vu enterrer les deux cadavres en se griffant les joues comme une femme.

Peu à peu, la rumeur courut que, la nuit, le mausolée de Sidi Joiffre brillait d'une lumière étrange et les voyageurs jurèrent qu'ils apercevaient de loin les anges danser sur sa coupole. On en conclut que le Français appartenait bel et bien à la communauté des croyants et que Béchir pouvait être racheté d'avoir tant fréquenté les chiens et canonisé leur maître.

Pendant ce temps, le demi-frère de Yamna, Habib, habitait toujours la même bulle triste et dépitée où le village l'avait enfermé à force d'insinuations et de reproches sur le passé de sa mère, les travers de son père, le mystère de sa disparition, ainsi que la couleur étrange de ses yeux. Aljia méritait ce fils, répétait-on comme un refrain, elle avait forcé la porte de Tounès et causé sa mort, Habib en paierait le prix.

La disparition de Gadour sembla sevrer le fils de son goût pour les femmes. Elle le jeta dans une sorte d'apathie qui le poussa à errer dans les champs des journées entières, chassant les oiseaux à coups de pierres, marchant le long des ruisseaux en chantant à tue-tête. Il s'amusait aussi à poser des pièges à lapin, quand il ne s'en prenait pas aux paysans dont il saccageait les potagers et incendiait les meules. Il revenait chez lui la figure ensanglantée par les cailloux qu'on lui jetait ou la jambe trouée par la morsure d'un chien.

Sa mère tenta de l'engager dans la ferme d'un de ses oncles paternels. Il passa son temps à effrayer les coqs et à plumer les poules vivantes. Un jour, on le trouva dans l'étable, un pinceau à la main, peignant au bleu de méthylène une paire d'ânesses qu'il venait de voler et dont il comptait faire commerce le mercredi suivant, jour du marché.

C'est alors que Béchir décida de rendre un hommage posthume à son ami Joiffre. Il dépêcha une de ses domestiques chez Aljia. L'on tenait une solution pour son garçon Habib, lui affirmait-il. Laquelle ? L'envoyer se battre sous le drapeau français. « Comment ? Mon fils unique ! répondit Aljia. La pupille de mes yeux ! Mon foie ! » S'il ne dépendait que d'elle, Aljia aurait encore donné le sein à son bébé et lui aurait chanté les berceuses des gens de voyage. Mais il s'agit de son avenir, fit répondre Béchir via son émissaire. Il vaut mieux l'envoyer à la guerre que le laisser errer parmi les vagabonds ! Certes, en rejoignant le camp de Béchir, il ne ferait pas partie de ces jeunes nationalistes qui juraient de bouter les Français dehors. Mais rien ne dit que les Arabes aient un jour la main sur le cours des événements ni qu'ils vaincraient leurs adversaires. Pour le moment, les Nazaréens régnaient en maîtres, n'en déplaise aux Bédouins ! Ils étaient installés sur des terres qu'ils avaient réussi à faire fructifier et caracolaient à la tête de fortunes respectables. Ils dictaient leurs lois aux créatures, aux machines et au cours des fleuves, tout semblait consacrer leur gloire. Et une fois morts, ils jouissaient d'un respect plus grand ! Autant intégrer Habib dans le camp de la force et le rallier au drapeau bleu-blanc-rouge, le futur lui appartiendrait.

Béchir allégua enfin qu'il aurait été le premier à s'engager personnellement si l'oracle n'interdisait la guerre aux descendants des Chérif. Et finit par convaincre Aljia en expliquant que Habib n'allait pas se battre contre ses frères de sang. La France l'enverrait de l'autre côté de la terre, chez les peuples jaunes qui ne figurent sur aucune carte d'Allah et qu'on peut occire, couper en morceaux, voire assaisonner et manger sans encourir de peine divine.

Lorsque la nouvelle lui fut rapportée, Yamna se retint d'émettre un commentaire. Mais une fois seule, elle s'abîma à analyser le geste de son beau-frère. Béchir agissait-il de la sorte pour porter un coup à la famille Gadour ? Voulait-il, au contraire, la venger d'Aljia en envoyant Habib se faire tuer ? Ou bien, entendait-il faire de celui-ci le vainqueur que n'égaleraient pas ses fils à elle ?

On lui rapporta que sitôt Habib parti au front, Aljia avait fermé sa porte à toute visite et s'était juré de ne plus mettre un pied dehors avant le retour de son fils auréolé du prestige du combattant et coiffé de la casquette du caporal. Mais elle dut rompre sa promesse le jour où elle entendit, de son patio, sa voisine égrener les qualités de Yamna et la liste des bienfaits que les saints lui concédaient. Ni les tentatives de Farès de lui flanquer une deuxième épouse, ni les agissements anormaux de ses beaux-frères n'auraient entamé son honorabilité. La scène où Gadour s'était enfermé avec sa fille pour compter le trésor apparut soudain devant les yeux d'Aljia, et le désir de revanche vibra en elle aussi vif que le reflet du métal.

Le lendemain, sa décision était prise. Plutôt que de s'enfermer, elle emploierait son temps à rechercher l'or de son défunt mari.

Elle fit venir en cachette les deux fous Hamma et Hamma, leur servit à boire et à manger puis les chargea de recruter des bandits de passage qu'elle paya pour inspecter les champs, les grottes et les puits. Ces derniers retournèrent chargés, à défaut de pièces sonnantes et trébuchantes, de statuettes en pierre ou en argile qu'ils s'amusèrent à briser contre les murs parce qu'elles dataient des époques sacrilèges d'avant l'islam.

Aljia changea de stratégie et supplia sa voisine Zohr de lui prêter Youssef, son berger. L'homme était d'origine marocaine et avait le blanc de l'œil droit serti d'une tache noire, caractéristique des gens doués pour dénicher les trésors. Youssef sillonna le bourg et ses environs de jour comme de nuit, mais il revint les paupières collées aux sourcils à force de rester grandes ouvertes sur les trous, les crevasses et la racine des arbres. En vain.

Aljia incrimina l'impuissance des hommes juste bons à se pavaner et à donner des ordres, et résolut de faire appel au peuple des femmes. Une fois par mois, elle envoyait requérir des amies et voisines, lesquelles attendaient que leurs maris s'assoupissent après s'être sustentés de leur croupe pour s'échapper dehors. Les voiles blancs s'engouffraient dans le noir telles des lucioles avant de disparaître comme par sortilège.

Les copines creusèrent tant et si bien que leurs mains perdirent leurs dessins de henné et devinrent aussi rêches et grisâtres que celles des paysannes. Elles se firent bientôt accompagner par Kabla qui prit la tête du cortège, montée sur sa mule et habillée d'une chasuble ouverte sur les seins, portant sur sa tête un brasero crépitant de flammes, jurant par tous les dieux qu'elle allait faire accoucher la terre, dût-elle se glisser en personne dans son ventre. Les femmes aspergèrent de sang de taureau les puits et les troncs des arbres, saupoudrèrent les champs de peau de caméléon pilée, brûlèrent de la myrrhe et du benjoin, en prononçant des incantations. Si bien que le ciel nocturne fut strié de la raie blanche des fumigations, une odeur d'encens et de chair cramée vint coller sur les murs du village et enserra longtemps l'aiguille de son minaret.

Il ne restait plus que le mausolée d'Askar à inspecter. Mais l'entreprise effraya les plus courageuses d'entre elles. Personne parmi les fidèles d'Ebba ne se laisserait convaincre de profaner la tombe du saint ou de déplacer sa sépulture. Exception faite des fils de Bouhmir le bijoutier, nés sourds-muets. Ils entrèrent la nuit dans la salle où la dépouille reposait depuis des siècles, sortirent leurs pelles et se mirent à l'ouvrage. Ils étaient en train de forcer le socle quand un bruit les projeta au sol. De grosses pierres roulèrent et le plafond s'effondra. Une main invisible alluma une torche qui vint éclairer les visages des profanateurs, lesquels prirent leurs jambes à leur cou et ne s'arrêtèrent qu'à des lieues d'Ebba.

Quelques jours plus tard, le plus jeune des deux garçons fut dévoré par un loup et l'on ne rapporta de lui que les membres inférieurs. Le deuxième disparut et la rumeur se répandit qu'il s'était enfui avec le trésor.

Aljia n'aurait pas renoncé à ses recherches si, un soir, elle n'avait eu la surprise de voir rentrer son fils. Elle rêvassait devant le feu du brasero quand une main se posa sur son épaule. Elle dégagea péniblement du sol son séant qui, avec les années, pesait le quintal. Et ce n'est qu'une fois debout qu'elle reconnut Habib. Elle fut stupéfaite de la couleur de ses yeux. L'un des iris avait viré au noir de jais, l'autre au marron chocolat. La forme des paupières s'était allongée vers les tempes et leurs coins semblaient s'être refermés sur les rivages d'un autre monde. Sa peau s'était recouverte d'une croûte grise, comme des écailles de serpent, et sa tête se tassait sous un chapeau qui n'avait rien à voir avec la chéchia locale, ni le feutre de Sidi Joiffre. Le couvre-chef avait la forme d'un cône, et ses rebords étaient si larges qu'ils cachaient la moitié du visage.

Habib desserra son étreinte et prononça :

— J'ai oublié de saluer mon camarade.

Il sortit et revint.

Aljia entendit une voix de l'extérieur lancer :

— Au revoir, Bouda !

Ce fut le surnom que le village donna à partir de ce jour à Habib sans que l'on sût la raison d'une telle appellation ni ce qu'elle signifiait ; et c'est ce qui fut rapporté à Yamna.

Bouda rangea son étrange chapeau et son uniforme de l'armée française et se terra deux mois chez sa mère. Puis il sortit un matin tôt, négocia un local situé sur la place du village, le repeignit en gris et apposa l'écriteau : « Restaurant ». La nouvelle ameuta les curieux et le scandale éclata quelques heures plus tard : « A-t-on jamais vu une personne saine d'esprit demander à des musulmans respectables de se nourrir ailleurs que chez leurs épouses ? Et que deviendraient les femmes si on les privait du seul motif qui justifie leur existence après celui d'enfanter ? Fallait-il pousser la cruauté jusqu'à demander d'être payé pour un repas servi au pays d'Allah où l'hospitalité est un devoir sacré ? » À cette énormité s'en ajoutait une autre : Bouda ne proposerait pas de couscous, ni de pain, ni de *bourghoul*. Le menu se composerait exclusivement de riz, cette graine blanche et translucide qu'il entendait semer dans les domaines de son père. Autrement dit, Habib déclarait la guerre aux siens puisqu'il comptait inséminer un spermatozoïde inconnu dans la terre ancestrale. Des bâtards, toutes les entrailles en avaient conçu, mais comme celui-ci, jamais !

Le lendemain, l'unique client de « Chez Bouda » mourut quelques heures après avoir ingurgité son bol de riz. Habib reçut alors le double surnom de « Bouda la Mort » et personne ne se hasarda dans la direction de son boui-boui. Il se mit dans une colère monstre, perturba la prière et se frappa la tête contre le mur de la mosquée puis s'en alla déverser ses paquets de riz le long des ruelles, avant d'en arroser les rails du chemin de fer et le pourtour des zaouïas : « En voici pour vos gueules ! Bande d'ignares ! Racistes ! Terreux du cul et obtus de l'esprit. Vous ne savez pas ce qu'est l'Indochine ! »

Il s'enferma chez lui et ne sortit qu'à la nuit tombée pour s'enfoncer dans les clairières où il lui arrivait de rencontrer Béchir assis près du mausolée de Joiffre. Il passait son chemin, sans jamais aborder le beau-frère de Yamna qui avait été cause de son départ en guerre. Il fouillait l'obscurité de son regard que des années d'horizons inconnus avaient aiguisé, tirait comme personne les lapins et les hérissons avec un fusil ramené des combats, de sorte que le silence nocturne fut régulièrement troué de coups de feu et l'on crut au village que les Allemands étaient tout près.

Puis, le bruit des balles s'arrêta. Bouda venait de faire une rencontre extraordinaire. Il s'était endormi au bord d'un sentier qui menait vers la tribu des Frachich quand il fut réveillé par un bruit de ferraille assorti de gémissements sourds. Il se retourna et crut que les hallucinations le reprenaient : un homme de très haute taille, aux yeux bleus et aux cheveux d'un blond cendré, s'avançait dans sa direction, marchant sur une jambe et tenant l'autre entre ses mains. Le fils d'Aljia bondit, horrifié :

— Qui êtes-vous ?

— Mon régiment m'a oublié ici, a expliqué l'homme dans un arabe approximatif et sur un ton placide. Je n'ai pas pu le rattraper. Dans l'état où je suis…

Alors qu'il n'escomptait plus rien de son engagement sous le drapeau français, Habib se dit qu'il pourrait emporter la distinction jamais emportée et vêtir le costume du caporal dont rêvait sa mère. Il lui suffisait d'aller au bout de sa mission, fût-ce sans témoins, en achevant l'ennemi des Gaulois et en exposant son trophée sur la place du village.

Mais il se ravisa. Ne valait-il pas mieux monnayer son otage ? Le nazi serait son butin de guerre, en quelque sorte, il servirait à lui négocier une victoire. Au pire, il le revendrait aux Français contre rétribution.

C'est ainsi que Yamna entendit dire qu'Aljia, la sorcière comme elle l'appelait, avait vu son fils de retour au petit matin avec un colosse blanc qui trottait sur une jambe, l'autre jetée en bandoulière sur son dos. Aljia se couvrit précipitamment la tête en invoquant ses ancêtres nomades. Habib lui expliqua que Klaus, le roumi, était un soldat allemand. Il s'était évanoui quand une balle lui avait sectionné la jambe et, quand il s'était réveillé, ses compagnons étaient déjà loin. Son régiment l'avait oublié, voilà tout. Habib faillit ajouter : « Comme moi », mais il s'interrompit. Il lança à l'adresse de sa mère : « Tu peux te découvrir, le regard d'un non-musulman ne compte pas. »

Habib sortit ensuite à la recherche d'un des fils de Farès à qui il demanderait d'aller subtiliser quelques médicaments du couffin paternel. Mais il ne trouva aucun des garçons et dut frapper à la porte de sa demi-sœur. Il la revoyait pour la première fois depuis qu'elle avait quitté la maison paternelle.

Yamna le regarda, s'étonna des boucles blanches qui moutonnaient sur son crâne, sa peau grise et son regard en biais. Elle lui fit signe de s'asseoir sur la natte. Habib plia ses genoux, rougit, balbutia sa requête, il venait chercher dans le couffin de Farès un remède pour un homme à l'agonie. Elle acquiesça à condition qu'elle en sache un peu plus sur sa carrière soldatesque dont il n'avait livré jusqu'ici que des épisodes délirants où l'on ne distinguait pas le vrai du faux. Personne ne pouvait se dérober devant les exigences de Yamna. Alors, le fils d'Aljia raconta comment, sur le conseil de Béchir, il s'était enrôlé dans l'armée française, pour débarquer un matin en Indochine :

— J'ai guerroyé tant et si bien que j'ai impressionné mon régiment. J'ai tâté de la mort et je l'ai vue comme je vous vois. J'ai souffert de nombreuses maladies, dont des migraines atroces qui remplissaient mes yeux de charbon noir et me donnaient des visions.

— Et alors ?

— Au cours d'un de ces évanouissements, mes camarades m'ont cru mort et ils ont filé sans même songer à recouvrir ma sépulture. Lorsque j'ai repris conscience, je me suis retrouvé au milieu d'une rizière, entourée d'une famille de bridés qui m'ont baptisé du nom de Bouda. Ils m'ont employé à semer et à récolter le riz. Ce fut ainsi pendant des saisons, jusqu'au moment où le père a voulu que j'épouse sa cadette San-Sun. J'ai fui dare-dare pour me retrouver sur un bateau en partance pour l'Afrique du Nord.

Yamna se leva dans le tintement de ses anneaux et revint avec le panier. Habib repartit avec des pilules et des sachets choisis au hasard. Et vint retrouver Klaus qu'il avait installé dans une hutte attenante à la maison, destinée à recevoir les pèlerins et les mendiants de passage. Il s'attela à suturer les plaies du patient, avant de lui coller une grosse tige d'acier à la place de la jambe manquante. Une fois son œuvre accomplie et l'Allemand sur pied, il fit sa sortie au village, le militaire à son bras, exhibé comme une bête de foire. Il jura qu'il avait ramené son prisonnier du front. Par Allah ! il l'avait caché le temps de remettre en place ses membres désarticulés, ce qui avait demandé des nuits de travail, des kilomètres de fil et de bandes adhésives, des litres de salive pour les prières.

C'est ainsi que le village s'habitua à les voir assis côte à côte au bord de la fontaine, à discuter moitié en arabe, moitié en franco-allemand, sans être gêné par les curieux qui venaient observer l'étranger, parfois le palper, faire sonner des pièces de monnaie sur sa fausse jambe de métal, certains même y affûter les couteaux. Le fils d'Aljia interrompait alors sa conversation pour vanter sa marchandise allemande, se faisant monnayer en compliments pour sa bravoure et décrochant bientôt le titre de « Caporal Bouda la Mort ».

Lorsque ces dires arrivèrent dans les patios, Yamna sut qu'il ne resterait pas une femme qui ne voulût voir l'étranger. Habib aurait même entrepris d'encourager les épouses en âge de procréer à venir se remplir la vue des yeux clairs de l'Allemand. Comme il était établi que les enfants naissaient avec les traits de ceux que les mamans fixaient avec insistance et admiration, l'appel trouva oreille attentive. Hormis Soraya à qui Yamna interdisait de sortir, les jeunes épouses se donnèrent le mot, prétextant toutes sortes de motifs pour passer la porte et une file indienne de villageoises couvertes de pied en cape se forma tous les jours devant la fontaine. L'une après l'autre, les futures mamans s'approchaient de Klaus jusqu'à frôler sa jambe intacte, dévoilaient un seul œil qu'elles incisaient sur le sien, appuyaient comme s'il s'agissait d'un daguerréotype. Puis elles s'en retournaient chez elles après avoir imprimé sur leur rétine le bleu germanique du regard et la blancheur teutonne de la peau. Habib les regardait faire. Hélas ! Il ne reconnaissait en aucune d'elles la silhouette de la femme qu'il avait aimée cette nuit-là, qu'on appelait la Nuit de l'Erreur.

Par un étrange atavisme, l'envie du trésor surgit un matin dans l'esprit inoccupé de Habib. Il en fit part à sa mère, laquelle redemanda conseil à Esméralda. La gitane, qui devait maintenant se faire pousser par une bande de gamins dans une chaise à deux roues, apprit à Aljia que les peuples blancs venaient d'inventer un engin qui savait faire cracher des aveux à la terre, mieux que les gendarmes d'Ebba.

Habib crut trouver la solution et, quelques jours plus tard, on le vit pousser Klaus devant lui, quand il ne le portait pas à moitié sur le dos, à sillonner les champs et à prospecter sous les arbres. Caporal Bouda était convaincu que l'armature en fer de son captif faisant office de jambe aurait la vertu de détecter les métaux et de faire sonner les louis d'or pour son grand bonheur et celui de sa maman.

Un jour, alors que le couple traversait un verger, il croisa Béchir qui se fendit d'un méchant rire. Habib leva son œil de jais sur le beau-frère de Yamna et, tout à coup, l'envie du combat l'assaillit. Il se souvint de la mort suspecte de son père, du mépris qui entourait sa mère, de l'hostilité dans laquelle il avait grandi. Et il en conclut que c'était par ruse, pour se débarrasser de lui, que le village avait demandé à Béchir de l'envoyer dans les rizières ! Tout devint clair dans sa tête : au dédain qu'il avait subi de la part des siens, s'ajoutait celui des amis de Béchir, ces Français colonisateurs pour qui il avait fait la guerre sans avoir reçu le moindre honneur militaire.

Habib cracha par terre et lança :

— Sidi Joiffre est un salaud et sa mère la France est une pute ! J'ai fait l'Indochine pour eux et, pour moi, ils n'ont rien fait !

— Les Français sont tes maîtres et le resteront. Maintenant, fiche le camp et va promener ailleurs ta ferraille allemande !

Le soir, lorsqu'on rapporta à Yamna l'altercation qui venait d'opposer les deux hommes, elle convoqua son demi-frère.

Et celui-ci repartit une heure plus tard de chez-elle en se posant toutes sortes de questions. Pourquoi Yamna avait-elle demandé à le voir si vite et pourquoi l'encourageait-elle à repartir sans rien en dire à Aljia ? Voulait-elle l'éloigner du village ou cherchait-elle, tout simplement, une solution à son inactivité ? Avait-elle fait un vœu à l'un de ses ancêtres marabouts ? Ou songeait-elle à prendre sa revanche contre quelqu'un ? Yamna lui avait suggéré sans détour de rejoindre le rang des nationalistes :

— Tu veux te venger des colons, Habib ? C'est le moment ou jamais. J'aurais envoyé mes propres enfants, mais je ne peux enfreindre les oracles.

Habib fonça chez Klaus. Il avait besoin de formuler avec ses propres mots l'idée de Yamna afin de croire qu'elle émanait de lui :

— Ces salauds de Français ne sont que des envahisseurs. Ils pillent notre pays en prétendant nous apporter la civilisation. Ils profitent de nos biens et se reposent à l'ombre de nos oliviers pendant que nous faisons la guerre pour eux. Je regrette d'avoir rejoint leurs rangs. Aujourd'hui, ma décision est prise : Klaus, mon ami, je rallie ton camp et c'est toi que je défendrai désormais.

À sa mère, il déclara tout simplement :

— Je pars.

— Où ?

— À deux pas. En Algérie.

Aljia s'évanouit, reprit conscience, ôta son foulard, dispersa ses cheveux en l'air et se les arracha par touffes en appelant le malheur et la malédiction sur Yamna. Celle-ci était l'instigatrice de ses drames, elle en était sûre.

Quant à Béchir, lorsqu'il entendit parler de l'enrôlement de Habib dans les rangs des nationalistes, il sut d'où venait le coup. Yamna le défiait en lançant son demi-frère contre la patrie de Joiffre, son défunt ami. Elle lui faisait la guerre par personnes et pays interposés. Détestait la France, parce qu'elle le détestait.

Une fois Habib parti, Klaus se retrouva seul à affronter la curiosité insolente des gamins, les harcèlements des *miboun*[1] et la sollicitation passive des femmes enceintes qui continuaient à défiler sous son nez.

À quelques semaines de là, Yamna fut avisée que le fils d'Aljia avait gagné le maquis et rejoint le FLN. L'ancien combattant de l'armée française en Indochine recevait désormais ses ordres des fellagas et les transmettait aux Tunisiens regroupés sous la bannière des nationalistes décidés à bouter les *françaouis* dehors. Il passait d'un pays à l'autre, son fusil caché sous les flancs de son cheval, déguisé en berger ou en commerçant, parfois en diseuse de bonne aventure. Sa zone de combat allait de Constantine à la région de Sakiet Sidi-Youssef, quand il ne descendait pas vers les terres sahéliennes, sur la côte, pour recruter des combattants, son chapeau enfoncé sur le front, ses yeux plus bridés que jamais, de sorte qu'on le prenait souvent pour un ancien mamelouk. Il posa des mines, transmit des plans secrets et égorgea bon nombre de compatriotes de Monsieur Joiffre.

Lorsqu'il apparut dans le village, deux ans plus tard, Béchir courut se cacher après avoir pris soin de doubler la garde du mausolée du Français. Habib était devenu un maquisard, un héros de l'indépendance future, l'aura du moudjahid le disculpant de son ancien statut de harki. C'est alors qu'Aljia décida de blanchir sa maison et de faire sécher sa laine sur les terrasses des autres. Elle se teignit les mains et les pieds de henné, se paya le luxe d'embaucher une ribambelle de domestiques pour l'aider à préparer les réserves de nourriture destinées aux maquisards et elle entonna des youyous avec une

1. Sodomites.

fréquence et une régularité telles que sa voix finit par concurrencer l'appel à la prière.

Yamna craignit que sa stratégie ne se retournât contre elle.

L'on pouvait se demander, en effet, si l'épouse de Farès n'était pas en train de perdre de son prestige. Aljia menaçait d'usurper sa place au village comme elle avait usurpé la place de Tounès dans le lit de Gadour. La légende de son fils venait de lui fabriquer un certificat de bonnes mœurs, effaçant l'ardoise de l'adultère et le flou de ses origines. Elle osait montrer le nez devant sa porte aussi couverte de bijoux que l'était Yamna derrière les murs.

Celle-ci alluma son brasero tous les matins et y jeta des poignées d'encens et de cendres animales. Elle appela au duel ses ancêtres et il lui arriva même, au faîte de la rage, d'envoyer ses enfants ramasser des pierres dans les champs qu'elle lança de son patio vers le ciel.

Le village pencha à moitié pour Yamna, à moitié pour Aljia. On admirait la perspicacité et la vertu sans tache de la première, sa contribution à doter Ebba d'une école et sa détermination à faire de ses fils les futurs technocrates du pays et non sa soldatesque. Mais l'on était disposé à reconsidérer le rang d'Aljia en raison de la bravoure de son fils : à l'exemple du Prophète, Habib tenait du soldat et du martyr, il menait le djihad contre les Infidèles et finirait par lever l'étendard de l'islam sur la terre entière.

Hélas ! pour Aljia. Elle était en pleine ascension quand la nouvelle parvint au village. Habib venait d'être assassiné par une certaine « Main rouge ». Des villageois en colère, se méprenant sur ce nom, partirent à la recherche de Kabla dans le but de l'exterminer. Fort heureusement, l'imam expliqua que l'accoucheuse aux mains écarlates n'avait rien à voir avec cette histoire, il s'agissait en l'occurrence d'une organisation impliquée dans les attentats contre les indigènes.

Lorsqu'on ramena la dépouille du martyr présumé dans une boîte scellée à la manière des chrétiens, les familles Gadour et Chérif se disputèrent. Aljia jura que c'était le corps de son fils et Yamna affirma qu'il s'agissait de son beau-frère Amor, disparu depuis plusieurs années. Le litige fut tranché par le nouveau *oumda*[1] d'Ebba. Lequel ordonna d'enterrer le cercueil sans l'ouvrir et d'apposer sur la tombe l'inscription « Musulman inconnu ».

Aljia se plaignit de ce que son fils ne pût porter un titre honorable dans sa mort pas plus que dans sa vie. Elle accusa le village de jeter son foie dans le linceul du doute et de l'ignominie, fabriqués dès sa naissance par Yamna et les siens.

Le lendemain, jour de l'enterrement, on la découvrit sur la route du cimetière, derrière le cortège des hommes, à moitié dévoilée qui plus est. La panique gagna les rangs à tel point que ceux qui portaient la civière la laissèrent tomber. Aljia se rua sur le couvercle en bois et voulut l'arracher. Un grand murmure s'éleva. Que fait cette folle ? À quoi sert-il de pardonner aux putains ! Celle qui avait causé la mort de Tounès et entaché l'honneur des Gadour veut narguer le village et l'offenser encore ? Il devenait certain que cette femme était taillée dans le scandale. Car la voilà qui se dresse, l'étoffe à terre, les cheveux défaits et qu'elle ne craint pas de regarder les hommes dans les yeux. Les prières s'évertuent en vain à couvrir le grondement de la colère qui monte et les ordres filtrent entre les versets : « Rentre ! Rentre chez toi, *ḳahba* ! Tu ne vas pas déroger à la loi et transgresser l'interdiction divine ? ! »

La foule se divisa et, pendant que la tête du cortège courut avec le cercueil vers le cimetière, le reste entoura Aljia pour la ligoter avant de la ramener de force dans sa maison.

Elle passa toute la nuit à chanter et l'écho à répercuter ses paroles jusque dans les pays voisins :

« Tu ne marcheras pas derrière tes morts/Tu ne porteras pas leur civière/Tu les verras partir entre les étrangers/Tu ne déposeras pas la pelletée de terre en te jurant que ce sont là les débris de ton

1. L'équivalent actuel de maire.

cœur qui les recouvrent/Tu ne te pencheras pas sur leur sépulture pour l'arroser de tes dernières larmes/Que les femmes se lamentent chez elles/Qu'elles pleurent et qu'elles saignent/Là est leur vocation/Qu'elles arrosent de leur peine les champs et en remplissent les rivières/Qu'elles fassent de leur cœur une plaie à ciel ouvert et de leur poitrine la seule tombe qui vaille/Mais il ne leur appartiendra pas d'enterrer leurs morts ! »

Lorsqu'on lui rapporta le chant de sa rivale, Yamna répondit en composant une ode à la mémoire de son beau-frère Amor supposé être le vrai défunt :

« Sur la tombe d'Amor/L'herbe pousse avec profusion/Les plantes sauvages s'apprivoisent/Les feuilles se racontent des histoires de bruine et de vent/Les racines se serrent très fort/Les tiges se frottent si étroitement que de leur union naît une fleur couleur de l'or/Toutes les nuits, des oiseaux viennent arroser cette faune fébrile/Ce foisonnement de tiges et de corolles/Lorsque les feuilles adhèrent les unes aux autres/Que les branchages ne font plus qu'un seul entrelacs/Que la fleur en dorure soude ses pétales devenus aussi durs que des disques de fer/Les morts font rang et voient, plus que ne voient les vivants/Amor se transformer en lumière ! »

Aljia s'enferma à double tour. Renonça à se laver et à se peigner en signe de deuil. Pendant des années, l'on ne vit pas un trait de khôl souligner ses paupières et elle porta la même mélia qui devint aussi noire que les parois de son four à pain, aussi dure que de la tôle. Jusqu'au jour où une femme complètement dissimulée sous un *haïk*[1] et affublée d'une *khama* frappa à sa porte. Elle serrait la main d'un petit garçon et parlait avec l'accent de la tribu des Ouled Naïl[2] :

1. Voile que portent les femmes en Algérie.

2. Tribu berbère installée sur la frontière algéro-tunisienne et réputée pour ses femmes légères.

— C’est le fils de Habib. Je n’ai pas les moyens de l’élever. Il est à vous.

Et elle s’en alla sans avoir passé le seuil ni étanché sa soif de la moindre gorgée d’eau. Le gamin s’échappa et courut derrière sa mère en pleurant. Aljia s’aventura tête découverte dans la rue où flottaient les drapeaux de la République. Lorsqu’elle réussit à emprisonner le gamin dans ses bras et qu’elle le regarda de près, elle n’eut aucun doute sur sa filiation : le petit avait un œil marron et un œil vert, comme son papa.

La vie reprit au village. Le pays était libre de la férule étrangère et les Chérif s’apprêtaient à écrire le dernier épisode de leur saga. Des dissensions éclatèrent en effet, entre Béchir et Farès, sans que personne ne sût pourquoi. Farès en voulait-il au parcours chaotique et indigne de Béchir ? Lui reprochait-il d’avoir dilapidé une grande partie des biens familiaux ? Le soupçonna-t-il de s’être mal comporté avec sa femme ? On les vit un jour se cracher dessus et un autre se battre au milieu des champs, Béchir pesant de tout son corps sur son frêle jumeau. Une semaine plus tard, l’époux de Yamna se fit conduire à la préfecture de la région et déposa plainte contre son frère pour spoliation de biens. Le village en frémit. Jamais un Chérif n’avait poussé la porte d’un tribunal ni demandé à régler ses litiges – surtout familiaux – ailleurs qu’auprès des sages de la tribu. Ce premier procès d’une série qui durera des décennies augurait d’une nouvelle marche du monde.

Entre-temps, l’Indépendance gratifia Habib du qualificatif de « martyr » à titre posthume et fit don de la maison de Monsieur Joiffre à sa mère. Aljia emménagea dans la grande demeure du colon et s’occupa de son petit-fils Mondher, qu’elle éleva comme un pacha, ne lui refusant aucun caprice. Elle sollicita une patente de l’État pour ouvrir un magasin de mécanique qui servit à réparer les premières radios arrivées au village et où Yamna interdit à quiconque de ses garçons de mettre les pieds. Puis Aljia joua sa dernière carte et fit une dépense supplémentaire pour les beaux yeux de son petit-fils Mondher en ramenant le premier poste de télévision au village. Ce fut l'époque où se propagea la rumeur selon laquelle elle aurait, enfin, déniché le trésor des Gadour.

Toutefois, l'on sut qu'il n'en était rien lorsque, quelques années plus tard, les autorités lui retirèrent les biens fonciers et la patente dont elles l'avaient pourvue au nom du socialisme. Il ne lui resta que les bijoux hérités de son défunt mari et la maison de Monsieur Joiffrc. Quand elle manqua de moyens, qu'elle n'eut plus de vaches à traire ni de blé à récolter, elle céda, la mort dans l'âme, à la demande insistante de son petit-fils qui avait commencé à saccager les vergers et à se faire mordre par les chiens, comme jadis son père. Elle vendit sept bracelets et un collier en or afin que le jeune Mondher puisse prendre le bateau pour la France. La veille de son départ, l'adolescent avait regardé passer la dépouille de l'Allemand dans un gros carton sur lequel était dessinée une télévision. Le cercueil de fortune était porté par les deux fous du village, Hamma et Hamma, que le manque de raison avait préservés des affres de l'âge.

Yamna se douta que, de ce jour, les femmes d'Ebba n'accoucheraient plus de bébés aux yeux remplis de pays étrangers.

Quant à elle, ses yeux allaient bientôt se fermer à la lumière avec la mort de son mari.

Un matin, Farès toussa, cracha du sang, et rien du contenu de son couffin ne put le soulager. Trois jours plus tard, ce fut le tour de Béchir de succomber à la tuberculose. Comme si les deux frères jumeaux s'étaient concertés pour différer leur duel et recroiser les armes sous le regard du Juge suprême.

Le chagrin pénétra dans l'âme de Yamna comme une eau obscure. Rien ni personne ne pourrait plus la délivrer de sa douleur ni de ses blessures.

Elle adopta la posture cadavérique qu'elle jugeait seule digne du deuil. Ne prononça plus une seule parole et demeura les yeux ouverts, le dos au mur. Elle s'astreignait au silence et à l'immobilité des morts, désireuse de suivre Farès dans l'autre monde par amour, ne restant dans celui de ses enfants que par pitié.

Un jour, elle tomba malade pour la première fois et dut garder le lit. Elle venait de contracter le diabète et, comme si cela ne suffisait pas, elle s'apprêtait à faire de ses yeux une demeure pour les ténèbres. C'était sa façon d'aimer son époux après la mort, tout simplement.

D'ailleurs, elle peut le dire maintenant qu'elle est vieille et loin d'Ebba. Hormis son fils Raouf, ses garçons ne l'intéressaient pas vraiment. Quant à ses filles, si elle surveillait de près leur comportement, c'était moins par souci d'éducation que pour sauvegarder l'honneur de la famille fiché entre leurs cuisses. Pour le reste, l'essentiel demeurait son mari. Si elle s'était entourée de tant de domestiques c'était dans le but de s'occuper d'elle-même et de lui plaire. Elle s'enfermait des heures pour se frotter la peau et s'enduire de *zbad* et nouait ses longues tresses de façon à les dénouer joliment la nuit autour de son époux. Elle se souvient très bien de ses séances de coiffure qui pouvaient durer une journée entière. De son coffre, elle sortait ses peignes en corne d'ivoire, plus beaux les uns que les autres. Ouvrait sa jarre d'huile d'olive, remuait pour faire remonter le dépôt de clous de girofle et de boutons de roses. Elle commençait par coincer ses mèches entre les orteils, exactement comme pour ses pelotes de fil de laine. Confectionnait une profusion de nattes à multiples branches qu'elle élargissait en cerceau entre ses poignets, avant de les enrouler en un solide échafaudage au-dessus de la tête. Elle couvrait le tout de trois ou quatre foulards flamboyants dont elle fixait les extrémités par des épingles de sûreté. Serrait avec un dernier fichu roulé en lanière et posé en couronne qui se terminait par un nœud papillon au-dessus du front. Elle finissait en ornant l'étoffe de toutes sortes d'objets censés conjurer le mauvais œil, mains de Fatma, piments en corail, louis d'or et corans miniatures. Lorsqu'elle sortait de sa chambre, l'on ne voyait plus que deux mèches très fines courant le long de ses tempes, les seules qu'il fût permis à ses enfants de zyeuter. Car le reste appartenait à Farès.

Un jour, elle se rappela le couffin-pharmacie, demanda à Naïma, qu'elle venait d'engager à son service, de le lui apporter, l'appuya contre son genou et ne le quitta plus, persuadée que, ayant tout partagé avec son mari, elle devait puiser dans ses médicaments. Parfaitement ! Elle prit l'habitude de picorer ses cachets, comme des graines de tournesol, jusqu'à tomber inconsciente une nuit. Lorsqu'elle se réveilla, elle promit de mourir pour de bon si on s'avisait de la faire « dénuder » par un médecin. Les remèdes de son époux, oui, ceux des étrangers, jamais ! Pour rassurer ses enfants, elle expliqua que l'on ne pouvait rester en bonne santé qu'en se tenant hors d'atteinte des professionnels. Le jour où un docteur passerait le seuil de sa maison, c'est que la mort frapperait à sa porte, elle se lèverait pour partir.

Au lieu de pleurer Farès, Yamna se cloîtra donc dans sa chambre, respirant l'odeur de l'éther, de l'eucalyptus et de la menthe qui s'échappait du couffin, humant les djebbas et les pantalons courts de son époux, faisant mine de les plier et replier. De temps en temps, sa voix montait : « Je voudrais un morceau de melon. — C'est l'hiver ! » répondait l'un de ses fils. « Et alors ? pensait-elle sans le dire, *LUI* m'apportait les fruits en toute saison. »

C'est ainsi que la femme qui avait l'allure des reines, qui sentait le henné et le musc, perdit peu à peu de sa présence charnelle. Telle une silhouette accrochée à la corde du souvenir, elle se déplaça partout avec le couffin à médicaments, qu'elle finit par vider de son contenu pour y mettre sa boîte à tabac, son dentier et sa ceinture en coton glissée sur son bassin désormais sans contours.

Ses enfants furent pour la plupart aveugles à ses souffrances, alors qu'il leur aurait suffi d'être instruits sur les affaires de l'amour pour savoir qu'un seul impératif avait guidé sa vie : rester l'unique aimée de son mari. Ils n'ont pas compris que leur mère avait été l'épouse de Farès avant tout ; que la femme qui soignait ses petits en les portant entre ses dents comme les chats, les aurait lâchés pour courir au secours de son bien-aimé. Ils n'ont pas vu ni entendu qu'elle bruissait de sentiments, de plaintes et de cris amoureux, de secrets et de désirs, d'amulettes et de tatouages destinés à cheviller le corps de son mari au sien. Ils se sont trompés, eux qui, en cherchant seulement chez Yamna l'instinct de la mère, l'ont privée de l'insigne de l'amante. Ô combien ils se sont trompés !

Si plus tard, une fois vieille et exilée, elle s'est éprise de son gardien d'immeuble, c'est pour chercher une raison de vivre malgré tout ; parce qu'il fallait aimer, fût-ce un homme de basse condition, qui n'était ni de sa tribu ni de son rang. À travers Stoufa, elle ressuscitait l'amante qu'elle avait été ; l'occasion était bien belle de sortir l'ancien désir au grand jour et de dire, au prétexte de la cécité, les mots doux qu'elle n'osait pas murmurer à son époux.

Si Yamna est tombée amoureuse à plus de quatre-vingt-dix ans, c'est pour faire un pied de nez au siècle ancien et pour revivre son histoire avec Farès sur le registre parlé. Tant pis, si ses enfants n'ont pas été assez futés pour le comprendre !

Lorsque, à l'aube, Naïma s'est tue, j'ai définitivement compris. Maman s'était appliquée à nous raconter des histoires en tout genre, sauf sa propre histoire.

J'ai débarqué aux aurores à l'hôpital. L'idée m'est venue d'y faire un tour avant de prendre l'avion. Les lieux sont silencieux et paraissent appartenir à un autre univers. Seul le personnel s'active. Des quintes de toux s'échappent parfois des chambres, parfois de faibles soupirs, sitôt couverts par le pas pressé d'une infirmière ou le crissement d'un chariot.

Pour la première fois, j'ose m'approcher de plus près. Il me semble voir les mots se bousculer derrière ses lèvres. Et ses paupières closes ouvrir sur sa vie. Dans ce cœur branché au froid du métal, je reconnais le réceptacle de tant de passions fiévreuses. Et dans ces veines asséchées, je sais que coule l'histoire de mon village.

Je me sens comme au seuil de ce pays-jardin où mère régnait en maître. Où sa jeunesse brille de loin comme les comètes.

Pour la première fois, je lui parle :

— Pardonne-moi, maman.

Tout à coup, j'ai l'impression de voir bouger ses cils. Je me rapproche, stupéfaite. Si. Elle a bougé ! J'en ai la quasi-certitude. La même certitude que j'éprouvais petite lorsque je m'échappais du côté du train de Monsieur Joiffre et voyais danser des gerbes de feu sur les traces de sang des accidentés. Oui. Je voyais bien les flammes. Et, à travers, la ronde des âmes. Maman aurait-elle bougé par le même effet que je ne m'explique toujours pas ?

J'y repense en bouclant ma valise à la maison. Je viens de voir maman à la frontière de la vie et de la mort. De quel côté va-t-elle basculer ?

Levant la tête, je surprends Naïma dans l'entrebâillement de la porte. Elle s'adresse à moi dans un étonnant mélange d'embarras et de fermeté :

— Je ne vous ai pas tout raconté.

— … ?

— Votre maman n'avait pas A… Al…

— Alzheimer ?

— Elle faisait semblant parce qu'elle n'était pas heureuse ici.

Je dois reconnaître que, pas plus que mes frères et sœurs, je n'ai songé au sort de ma mère exilée de force dans la capitale. Comme si, une fois partie de son village, son existence ne présentait plus d'intérêt.

Je n'ai pas besoin de réfléchir longtemps. Ni de tergiverser. Mon absence de Paris dure déjà depuis des semaines, un jour ou deux supplémentaires ne changeront rien à l'affaire. Et puis, il y a en moi ce doute qui entrave ma volonté de partir. Qui demande à ce que je reste. Est-ce vraiment, vraiment, l'espoir de la voir se réveiller maintenant que j'ai cru percevoir le léger mouvement de ses cils ?

L'été s'est déversé soudainement au milieu du printemps. Naïma a descendu les stores et ouvert les portes pour créer des courants d'air. J'ai poussé ma valise dans un coin du salon et me suis installée sur le canapé, le dos calé sur ses coussins.

Je vais pouvoir entrer dans les dix années que ma mère a passées à Tunis, pendant que je vis à Paris. Certes, je revenais une fois l'an pendant les vacances pour la voir. Je l'appelais régulièrement, aussi. Mais elle n'a jamais su parler via le téléphone, ni cru à la présence réelle d'un interlocuteur à l'autre bout du fil. Aussi bien, elle doutait que ma voix fût ma voix, ou que cet engin fût en mesure de transmettre fidèlement les propos. Quelqu'un pouvait dérober quelque chose au passage, changer un mot, glisser l'interjection d'un djinn ou le soupir d'un ange. D'ailleurs, elle écourtait souvent la conversation, rebelle au progrès et rechignant à dépenser de son temps pour les machines.

Lorsque j'arrivais de Paris, je me baissais pour effleurer sa main. Et voyais se dessiner un léger rictus sur ses lèvres, tandis que ses yeux aveugles regardaient ailleurs. Elle ne faisait pas de salamalecs, ni ne prononçait de formules de bienvenue. Les jours passant, je l'entendais tancer sa bonne, se plaindre de douleurs physiques, jamais de souffrance morale. Je supposais parfois qu'elle avait la nostalgie de son village. Alors, je lui proposais de l'y emmener quelques jours. Elle ne répondait pas. Une ombre passait sur son visage. Et elle demandait qu'on la recouche. De retour en France, je prenais de ses nouvelles auprès de mes sœurs : « Ne t'inquiète pas. Ta mère vit entourée et choyée comme une reine ! » assuraient-elles.

— L'oubli, c'était une ruse, reprend Naïma.

J'ai l'occasion enfin de connaître ce qui s'est réellement joué pour ma mère dans la capitale. De découvrir une tout autre version de ses derniers jours. En moi s'ouvre l'espoir déraisonnable d'accéder à ses silences, en même temps que la crainte de les interroger. Je comprends soudain que l'enfant musulmane que je suis, tenue de ne rien reprocher à sa mère, s'est interdit de fouiller dans ses propres souffrances ou de s'arroger le droit de juger le comportement maternel. Bref, je suis sur le point de comprendre qu'elle recourait à la feinte et au subterfuge pour survivre loin de chez elle, quand Souad et les autres diagnostiquaient vieillesse et amnésie.

Cela me fait penser qu'il faut que j'appelle mes sœurs. Dois-je leur expliquer pourquoi j'ai retardé mon voyage ? Les informer de ce qui se passe en ce moment ?

Naïma ne m'en laisse pas le temps. Elle a déjà entamé son récit en empruntant le ton sibyllin de sa patronne :

— Qui a vécu l'exil en connaît les affres. N'est-ce pas, Lalla ?

LIVRE III

L'exil de ma mère

Une année avant son départ du village, Yamna attribua le flou de sa vision aux larmes qu'elle remisait derrière ses paupières pour ne pas pleurer son mari en public. Sous ses yeux, se creusèrent peu à peu deux petites fosses et personne ne devina dans quel tombeau venait de s'inhumer sa vie avant l'heure.

Pour ne pas laisser apparaître son handicap, elle refusa de porter des lunettes. Jamais ! Les gens de son village allaient savoir qu'elle ne les voyait plus, et il n'y a pas pire humiliation ! C'est comme être nu et piétiné, impuissant et inutile. Ne pas voir, c'est ne pas être vu. C'est ne plus mettre la main sur soi ni sur les autres. C'est vider son âme pour la remplir de bruits sans objet. C'est renoncer à promener sur la terre la chaleur de l'iris qui fait lever toute chose comme pain sous le feu.

Elle recourut à toutes sortes de ruses pour cacher son infirmité. Et posta Naïma et une autre bonne à guetter les femmes du village qui risquaient de passer le seuil sans avertir comme le voulait l'usage. La visiteuse ne posait pas les fesses sur la natte que Yamna, informée sur son identité, prononçait déjà son nom en fanfare, lui souhaitant la bienvenue et d'autres formules où perçait le timbre de la victoire. Elle poursuivait la conversation comme si de rien n'était, se plaignait d'un mal des jambes qui la clouait provisoirement au sol, l'obligeant à tout faire faire par ses domestiques.

Les fois où il lui arrivait d'être surprise seule et sans moyen de se renseigner sur ses hôtes, ni voix ni odeurs reconnaissables, elle entamait la conversation par un :

— Comment te portes-tu, très chère ? Et comment va ta fille… Tu sais, j'ai oublié son nom, celle qui…

— Tu veux parler de Farida ? répondait la visiteuse, à mille lieues de deviner la mauvaise foi de Yamna.

— Et ton fils aîné, rappelle-moi son nom, Dieu maudisse le Diable qui subtilise les mémoires !

— C'est Latif, il vient de se fiancer à la fille du boulanger. Justement, je suis ici pour te convier au mariage.

— Ah, oui ! le mariage ! répondait Yamna, soulagée.

Elle se demandait par-devers elle pourquoi cette idiote de voisine venait lui lancer une invitation, elle n'ignorait pas, comme tous à Ebba, que depuis plus d'un demi-siècle, Yamna ne sortait pas de chez elle. Sauf pour éviter le pire, jamais pour fêter le meilleur.

Seule la peur de perdre totalement la vue la décida à accepter de partir consulter dans la capitale comme l'en priaient ses enfants. Elle consentait à se faire « dénuder » par les médecins, à condition que ce fût loin du regard des ancêtres. Surtout, à condition qu'on la ramenât très vite. Sinon elle s'échapperait, prendrait la direction du chemin de fer, n'importe comment, et elle « courrait vers le train ! ». Le mot faisait frémir certains de ses enfants qui ne savaient pas si l'expression signifiait : sauter dans le train pour fuir, ou se jeter sous les rames pour en finir.

La veille de son départ, et pour la première fois depuis son enfance, elle traversa en plein jour le village, emmitouflée dans son *safsari*. Elle fit le tour des saints, en contournant Sidi Joiffre, déposa des bougies sous la coupole de Sidi Askar et de Lalla Charda. Elle remplit d'eau des coupes taillées dans la pierre au cas où les anges viendraient se désaltérer en son absence. Ramassa au croisement des chemins quelques pincées de terre qu'elle enferma dans une de ses boîtes à tabac, aidée dans ces gestes par Naïma : « Toi, lumière de mes yeux ! »

Le lendemain matin, quand la voiture se gara devant sa maison, Yamna en sortit sans se retourner. Naïma lui emboîta le pas.

Tout le village le sut le soir même. Et le vent du Sud qui se leva ne réduisit en rien la rumeur qui incendia la plaine : Yamna venait de quitter Ebba.

Elle n'y reviendrait plus jamais.

À Tunis, lorsque le médecin passa la porte de l'appartement où ses enfants venaient de la loger, elle s'enferma dans les toilettes et refusa de sortir avant que le mâle ne déguerpisse. Ce dernier ne put faire autrement que s'en aller. Les pourparlers durèrent une semaine. Elle ne céda que lorsque son fils Raouf menaça de s'exiler au pays de Monsieur Joiffre si elle continuait à refuser de se faire ausculter. Pour autant, elle annonça qu'il était hors de question qu'elle parle à « ce charlatan », ni qu'il lui parle, du reste. Elle le laisserait la toucher à une condition : qu'il tourne la tête vers le mur et ne pose jamais son regard sur elle. Et comment prendrait-il son pouls ? Il n'a qu'à passer le bras derrière son dos ! Avec la meilleure volonté du monde, c'est tout ce qu'elle pouvait concéder.

Les jours qui suivirent, elle ne cessa de presser sur son poignet à l'endroit où le docteur l'avait effleuré, il avait dû lui insérer quelque péché sous la peau. Elle se purifia tous les quarts d'heure avec un mélange d'eau et de fleur de géranium. C'est en vain que l'on essaierait de lui faire changer d'avis. Aucune créature ne peut donner la guérison, seul Dieu a ce pouvoir, quand Il n'en confie pas la mission à l'un de Ses élus, un bon croyant qui posséderait le don de vous remettre sur pied en se tenant à distance, qui se contenterait d'égrener les noms du Seigneur et de Son peuple invisible, d'infuser quelques sourates, de vous en faire avaler le jus, le mal s'en irait comme il était venu. Qu'on ne tente donc pas de lui faire croire que ces macaques en blouse blanche pourraient concurrencer la science d'Allah ! *Tfou !*

Mais au fond, elle savait que la contrainte du médecin était le premier dû à payer pour la ville, laquelle signifia tout naturellement à ses yeux la souffrance et l'indignité. Naïma l'entendait à l'aube injurier les cieux citadins qu'elle traitait de « trous béants ». Bien sûr que la coupole bleue ne peut sertir que son village où Allah aime à s'asseoir, les jambes en tailleur, Ses prophètes en rangs d'oignons autour de Lui ! La ville ne peut posséder de toit, ni de racines, seule la clameur y pousse en guise d'herbe folle qui un jour grimpera au cou de ses riverains, on les trouvera pendus par leur propre langue !

Durant des années, Yamna va tourner dans son appartement de Tunis comme un lion en cage, se plaindre à sa bonne d'étouffement et de sécheresse des muqueuses, à cause des murs qui suintent l'obscurité et du froid qui pénètre dans les os. Elle réclamait ses couvertures en laine laissées au pays, ses champs de verdure qui montaient jadis jusqu'au rebord de ses fenêtres pour lui réchauffer les pieds. Elle disait avoir l'impression de figurer hors temps, hors vie, comme une branche arrachée par la rafale et jetée dans la crue de l'oued.

Naïma se cachait alors pour que sa patronne ne l'entende pas sangloter.

Mais aucun de ses enfants ne se doutait de son chagrin. La plupart pensaient qu'elle était contente de vivre dans la capitale, alors même que son départ du village venait de mettre un coup d'arrêt à sa vie réelle. Aussi en voulait-elle à sa progéniture, comptable de ses malheurs : « Je ne pardonnerai pas à ceux qui m'ont arrachée à ma terre, et je ne leur ferai jamais don du trésor ! » répétait-elle.

Au début, elle eut du mal à ne pas faire allusion en public à son village. Mais, chaque fois qu'elle citait le nom d'un saint ou appelait à témoin un ancêtre mort, les citadins s'esclaffaient. Les enfants de Souad s'arrêtaient de pleurer, et le petit-fils de Noura, atteint d'une maladie mentale, posait sa tête sur son genou, comme s'il venait d'identifier l'endroit où se trouvait sa raison.

Peu à peu, Yamna jugea de l'incohérence qu'il y avait à faire entendre aux gens de la ville ce qu'ils voulaient entendre. À imiter leur accent. À retrancher de ses propos l'essentiel de ce qui les faisait tenir debout. À ne servir que la coquille de ce qu'elle avait vécu. Elle se jura de se tenir à un minimum de paroles et demeura la plupart du temps silencieuse. Une fois ses visiteurs partis, elle s'ébrouait, mettait un pas devant l'autre et reprenait le chemin de sa vie antérieure pour en donner l'ultime version à sa bonne qu'elle faisait captive de son passé.

Un jour, l'une de ses deux filles qui se prévalaient d'avoir fait des études a dit : « Maman souffre d'Alzheimer », croyant que celle-ci était incapable de percer la langue des étrangers. Yamna en déduisit ce qu'il fallait faire. De ce moment, elle se mit à pétrir les temps, comme jadis son pain, mixa le réel et la fiction et intervertit volontairement les époques. Hier et aujourd'hui se rejoignirent en un scénario où elle associa sa propre vie à celles des rois, des saintes et des prostituées sacrées. C'était sa recette la plus réussie à l'adresse de ses enfants. Elle lui permettait également d'emprunter aux fables la voie radieuse qui la ramènerait au pays.

Maman se soignait ainsi de l'exil. Et aucun de ses enfants ne s'en doutait.

Il lui arrivait de fêter leur départ par un youyou avant de lancer, la mine réjouie : « Enfin, ils ont levé camp ! » Elle demandait alors à Naïma de lui apporter ses valises pour inventaire. Tâtait ses mélias en lamé qu'elle ne mettait plus, « mes filles n'ont pas la silhouette qui sied à ces merveilles », puis ses pans de tissu encore neufs pliés en losange et sentant la lavande, « elles n'en sont pas dignes », ses foulards à franges tissés dans du rouge et du jaune vif à la manière berbère, « tellement plus jolis que ce pansement noir de Jamila qui n'a jamais couvert la tête d'une vraie femme ! ». Bien sûr qu'elle avait remarqué le tchador de son aînée du temps où elle voyait encore. Si Jamila voulait se cacher joliment les cheveux, elle n'avait qu'à lui demander. Elle lui aurait prêté une de ses *mharma*[1] fuchsia et son *safsari* en soie qui attendaient son départ. D'ailleurs, pourquoi se voiler de noir ? Elle n'avait pas hésité à poser la question à sa fille, un jour. Une couleur qui ne sied même pas au deuil. Et Jamila n'avait pas daigné répondre, pensant que la vieille femme « délirait ». Que Dieu la maudisse !

Et ce pantalon qu'arbore Souad ? Un monde qui a habillé les femmes d'un vêtement d'homme est un monde à l'envers. Yamna n'aurait jamais troqué son sexe contre un autre, si décrié et blessé que fût le sien. Et ces étoffes en synthétique que lui rapporte son autre fille du pays de Monsieur Joiffre, « celle-là, elle croit me faire plaisir en m'offrant les chutes des Infidèles ! » et même, une fois, un soutien-gorge, « elle se trompe de mère ou quoi ? ». Yamna n'avait jamais mis un bonnet de sa vie, et se demandait pourquoi l'on empêcherait les seins de flotter sans attaches. Naïma exhibait ensuite les bijoux. « Il fallait voir quand je mettais toute ma parure ! Je pouvais dire au soleil : brille, sinon je brille à ta place ! »

Bref, Yamna ne cessait de peser sa vie et celle de ses enfants sur une même balance, ses filles surtout, les garçons devaient lui échapper comme doivent échapper les mâles, programmés pour vivre à l'extérieur. Mais elle observait tout dans le détail, et ces idiots étaient loin de le savoir ! Elle jugeait, soupesait, injuriait en son for intérieur. S'avouait qu'elle les aimait encore moins qu'avant. Et à raison. Regardez-les, ils rient pour un rien, se font des compliments, pire, ils se congratulent entre frères et sœurs ! « Jadis, nous ne parlions que par nécessité, lorsque le mot devait trancher comme la lame d'un couteau. Nous préférions la dignité

1. Foulard.

de pleurer à la légèreté de rire et ne passions pas notre temps à bavarder pour peu dire. Mes filles seraient plus inspirées de faire quelque chose de leur main, carder la laine, par exemple, ou battre les couvertures à la fontaine, si elles tiennent tant à se montrer en public ! En plus, elles ont perdu leur prestance, serrées qu'elles sont dans des robes ridicules et perchées sur des chaussures au claquement indécent ! » Et ce reflet jaune qu'elle devinait dans les cheveux de Noura : « S'il y a une belle couleur que les Gadour se sont transmise de mère en fille, c'est le noir, plus intense que la nuit, plus brillant que la surface des lacs ! » Il suffit qu'on lui apporte les ingrédients, elle saurait encore faire la *mardouma*[1] qui embaume le bouton de rose et affole les sens ! Observez ses deux dernières filles ! Elles ont rétréci comme du linge. Même en pleine possession de sa vue, elle les aurait cherchées sans les voir. Elles se croient peut-être libres, mais qu'est-ce qu'elles ont gagné en soucis et perdu en autorité ! On n'entend plus dans leur cœur le silence où la vérité vient doucement se poser, et leurs gestes ont perdu de la belle étoffe sentant le musc, cet excellent parfum que ses crétins de petits-enfants confondent avec l'odeur des morts, *tfou !*

Non, Yamna ne transigerait pas avec la vraie esthétique ni, d'ailleurs, ne s'abaisserait à goûter de la cuisine moderne. Heureusement qu'elle a inculqué à sa bonne son savoir-faire, de sorte que, chaque fois que ses enfants viennent, ils ont l'impression d'avoir changé de latitude et de plonger les doigts dans les plats de leurs ancêtres. Même si, elle l'a bien remarqué, cela fait râler certains garnements qui préféreraient leur… Dou… Mac… Leur quoi ? Un mot imprononçable ! Ces petites pestes qui se permettent de dire que les plats de leur grand-mère datent des préhistoriques ! Bon, elle veut bien leur concéder une chose, mais une seule. Ce bonheur qui glisse sur la langue et dont elle raffole depuis que son fils Raouf

1. Teinture pour cheveux artisanale à base de noix de galle, de clous de girofle et de morceaux de fer carbonisés.

lui en a apporté un paquet entier. Elle n'a pas compris la nature de cet aliment ni ses composants. Mais elle aime sa consistance fragile, la délicatesse avec laquelle il fond dans la bouche, teint les gencives, coule entre les dents, et s'en va lestement, comme il était venu, visiteur discret et généreux qui vous badigeonne de douceur tout autant le palais que l'humeur : le chocolat ! Soit, la seule condition qui forcerait Yamna à effleurer la joue d'un de ces morveux afin qu'il lui file un petit carré. Mais en douce, à cause du diabète.

Pour le reste, Yamna ne voulait pas perdre son temps à mettre des images sur les mots barbares qui sifflaient tout près de ses oreilles, ni croire qu'il existait des engins fendant le ciel plus vite que les oiseaux, à l'instar de ce Nazaréen mécréant qui, à une époque, claironnait devant la terre entière qu'il avait foulé la lune : « Peut-on être ingrat à ce point pour tourner le dos à la terre nourricière ? Et si peu reconnaissant pour prétendre se faire couver dans d'autres ventres que celui de sa propre mère ? »

Si elle mesurait bien l'érosion de son autorité, si elle s'étonnait de voir ses filles, les deux dernières surtout, entrer et sortir en toute liberté, voyager sans mari, conduire des voitures, ou travailler pour ramener de quoi nourrir leur famille, il lui arrivait aussi de confesser, bien que rarement, qu'elle avait du mal à les condamner. Elle se posait la question sur sa propre capacité de vivre à leur manière. Aurait-elle pu ? Personne ne lui avait appris à être libre. On lui aurait ouvert la porte, elle ne se serait pas aventurée dehors, n'aurait pas sauté la barrière, ni affronté le paysage. Naguère, le monde ne dépassait pas le pâté de maisons de son foyer. Elle n'aurait pas réussi à marcher longuement, encore moins à courir, les femmes ne couraient pas. Les animaux avaient plus de liberté là-dessus, c'est sûr, mais Yamna ne les jalousait pas.

Il était une seule chose que Yamna enviait à ses filles : la chance qu'elles avaient désormais de ne plus se voir flanquée d'une deuxième épouse ni de subir l'outrage de partager la couche de leur mari ! Pour le reste, elle concluait qu'il ne servait à rien de forcer l'accès de l'inconnu, que, bien au contraire, il fallait que la femme qu'elle était maintienne le pied cerclé d'anneaux posé fermement sur ce coin de terre où ses ancêtres avaient couché le vrai cœur des hommes.

Elle avait fini par baisser la garde et acceptait maintenant de se laisser ausculter par les médecins. Aveugle et à deux doigts de la fin, cela lui indifférait. Elle disait même, dans son nouveau langage fleuri, qu'elle s'en battait les couilles ! Ne pas voir ces charlatans amoindrissait le péché qu'il y avait à les laisser s'approcher de son corps. Elle ne se rebellerait plus à les observer lui creuser un chemin pour l'au-delà, à cette bande de charognards ! Et force était de le constater : plus les toubibs se succédaient à son chevet, plus elle se pressait de fuir, désireuse de se réfugier à l'intérieur d'elle-même, de flâner ici et là dans son passé, de mener sa vie ancienne sur une voie parallèle qu'elle empruntait les yeux fermés, rassurée d'avoir acheté au Paradis une place qu'elle occuperait une fois que les médecins l'auraient tuée.

Oui, Yamna ne cessait de l'affirmer à sa bonne Naïma : elle n'attendait pas la mort, elle était déjà morte depuis le jour où elle avait été contrainte de quitter son village. Alors, dans la perspective de son enterrement définitif, elle s'occuperait au jeu de mémoire, attendant l'arrivée du siècle nouveau pour tirer sur l'ancien et partir. Elle mourrait bientôt de sa vraie mort, un jour de printemps certainement, un vendredi saint de préférence. Ce retour au pays serait peut-être le départ d'une nouvelle vie, fût-elle dans un cercueil, l'essentiel étant de voir marcher dans son cortège le pays tout entier, ses forêts et ses plaines, jusqu'à ce qu'elle fût déposée, doucement, à l'intérieur du ventre de la terre, tout près de Tounès, sa maman.

Certains jours, elle se mettait à compter ses bagues, ses bracelets, ses fibules, pour passer le temps. Son cheptel aussi :

— Combien ai-je de bêtes ?

— Quatorze moutons et deux vaches, répondait Naïma.

— Téléphone au berger qu'il vende deux moutons et qu'il en offre deux autres aux pauvres.

Du haut de ses quatre-vingt-dix ans, Yamna se donnait l'impression d'être toujours maîtresse de son monde, d'acheter et de revendre. Elle se persuadait que ses affaires marchaient encore et qu'elle avait l'avantage sur les petites gens puisqu'elle continuait de dépenser pour eux.

— Envoie une poule à Smaïl, il doit crever de faim, le pauvre !

— Smaïl est à la tête d'une fortune depuis qu'il a arrêté le blé pour semer du riz.

— Le riz ? !

— Oui, le riz, précisait Souad qui venait de pousser la porte. Qu'y a-t-il d'étonnant à semer du riz ?

Seule Naïma faisait le lien avec Habib et sa tentative passée d'ouvrir un restaurant après son retour d'Indochine.

— Puisque Souad est là, donne-moi mon argent qu'elle le compte.

Ce n'était pas la première fois qu'elle chargeait de cette tâche sa dernière fille. Souad ignorait que sa maman avait parfaitement deviné la nature de sa profession de comptable.

Naïma s'en allait retirer la valise où sa patronne gardait ses effets. Yamna avait beau habiter dans cet appartement depuis une décennie, elle refusait de défaire ses bagages et s'interdisait d'utiliser les armoires. Tunis restait pour elle une contrée de transit aussi étrangère qu'une mégapole d'Inde ou d'Italie.

La bonne tournait la petite clef et soulevait le couvercle. Souad se mettait à compter les liasses de billets à voix haute. Avant de les remettre à leur place. Yamna respirait, soulagée. Son trésor était toujours entre ses mains et non pas au fond de quelque puits ou sous un arbre que l'orage aurait pu abattre. Souad ne lui disait pas que, depuis longtemps, cet argent n'avait plus cours, il datait d'un demi-siècle et il aurait fallu le changer à la Banque centrale. Yamna ne voulait pas savoir en quoi consistait le travail d'une banque, l'argent c'est fait pour être caché dans les jarres, ou dans des coffres décorés de têtes de paons couronnées, sous les matelas à ressorts s'il le faut, ou dans son giron, glissé à l'intérieur d'une trousse placée juste au-dessus du pubis, c'est la cachette la plus sûre. D'ailleurs, elle ne pardonnerait pas à celui qui avait eu la mauvaise idée de substituer du papier aux produits qui se voient et se mangent. A-t-on vu quelqu'un tromper sa faim en croquant une pièce de métal ou guérir un fiévreux en lui posant un billet de cinq dinars sur le front ? Elle se souvenait de son beau-frère Farksi qui avait tenté le coup avec ses fameux dessins et avait lamentablement échoué. Mais il était mort depuis et, si cela se trouve, à cause de ces hérésies. Mais ça, elle le raconterait tout à l'heure à sa bonne et certainement pas à sa fille.

Épuisée par l'exercice de ses comptes, elle ordonnait :

— Laisse-moi maintenant, je vais faire ma sieste.

Une fois Souad partie, elle s'esclaffait :

— Cette gourde ne sait pas que je lui ai montré le faux trésor !

Quant à son aînée, Jamila, elle la sollicitait pour un service plus spécifique encore. Au milieu de la nuit, elle la convoquait, se réjouissant de l'extraire de son lit et de la faire traverser tout Tunis, avec son voile battant comme les ailes d'une chauve-souris. Elle lui reconnaissait à contrecœur la qualité d'émissaire auprès d'Allah et de préposée au courrier destiné au ciel. Jamila arrivait emmitouflée dans ses foulards, trébuchant dans les pans de sa djellaba, son époux maugréant à ses côtés. Yamna faisait semblant de ne rien deviner de leur état. Elle tendait une vraie liasse à sa fille :

— C'est pour m'acheter une place au Paradis.

Elle n'avait pas à lui spécifier ce qu'il fallait faire de ces billets. La pieuse Jamila le distribuerait aux pauvres de Sidi Belhassen, le saint patron de Tunis que Yamna ne connaissait que de nom – mais il se chargerait bien, en l'absence de ses marabouts d'Ebba, de lui négocier une concession au Paradis, de préférence dans les quartiers qui disposeraient d'une vue sur son village.

Le vendredi était le jour de la semaine où Naïma la coiffait. Il fallait sortir ses peignes qui n'existent plus dans le commerce, poser une grande serviette sous sa tête pour recueillir les cheveux perdus. Yamna était disposée à tout comprendre, à tout accepter des transformations de l'âge et de la ville, sauf en ce qui concernait sa chevelure. Elle se penchait en avant, sa bonne s'activait sur son crâne après avoir fermé la porte derrière elle, frictionnait le cuir chevelu d'huile d'olive mélangée à la fleur de rose, dessinait les raies. Yamna se fâchait qu'on eût terminé si vite, Naïma n'avait pas démêlé sa crinière dans les règles de l'art ! Il fallait lui confectionner des nattes à six branches et deux mèches qui tomberaient sur les joues. N'osant pas lui dire qu'elle n'avait plus les ornements de sa jeunesse, sa bonne eut l'idée un jour de lui coller deux tresses artificielles arrachées en douce à la poupée Barbie d'une de ses petites-filles. Aveugle, elle ne le saurait pas. Yamna les lissait avant de les cacher sous son foulard en soutenant que ses cheveux étaient devenus plus fournis et plus souples avec l'âge. Mais, un soir, elle tira dessus et les jeta à la figure de sa domestique, l'accusant de lui avoir vissé sur le cou la tête d'une roumi !

Couchée dans son lit, coiffée et habillée, elle montait la voix et chantonnait. Puis s'interrompait : « Je suis déjà au Paradis. Ma place y a été réservée par mes soins et grâce à mes bracelets. Sans mon or, je n'aurais pas plus obtenu de Dieu que du bijoutier d'Ebba ! »

Lorsque, certains jours, elle refusait de manger et usait à cette fin d'une astuce qui consistait à mettre son dentier à l'envers, Naïma appelait Souad au secours. Yamna envoyait paître sa fille, affirmant qu'elle venait de déjeuner au Paradis et que, tout à l'heure, des anges viendraient la nourrir encore. Ce n'est pas de sa faute si d'aucuns étaient aveugles sur ses visiteurs du ciel. Souad et Naïma se relayaient pour porter la cuillère à sa bouche :

— Celle-ci est pour ton aîné Mustapha. Celle-là est pour Raouf. La dernière est pour ton père.

— Non, pas pour mon père, c'est un salaud !

— Mais, maman, tu traites ton père de salaud ? !

Elle se taisait, mortifiée d'en avoir dit plus qu'il n'aurait fallu devant sa fille.

Ses enfants se retrouvaient chez elle pour le rendez-vous hebdomadaire du dimanche, les filles surtout, flanquées de leur progéniture nombreuse et bruyante : « Pourquoi ils viennent tous ? Si c'est pour édifier le quartier sur la smala de "la rurale tatouée", comme ces singes des villes me nomment, ce n'est pas la peine ! »

Yamna suffoquait. La porte sonnait sans cesse, les petits se faufilaient entre les jambes, les visiteuses avaient les bras chargés de fruits et de pâtisseries. Elle n'avait rien demandé. Ajustait ses foulards, lissait sa mélia sur laquelle pendaient les colliers et pendentifs de sa jeunesse, puis reposait ses mains sur ses genoux dans la position de la mariée. Ses filles demandaient des nouvelles de sa santé, elle ne desserrait pas les lèvres. Attendait impatiemment leur départ. Détestait leurs conversations qui salissaient son silence. Et quelles conversations ! Le maquillage, la mode, les déménagements, les malheurs des voisins. Yamna savait à son corps défendant que sa descendance formait une petite nation à elle toute seule, avec une marmaille qui allait et criait, des adultes qui avaient embrassé toutes les carrières, des juges, des pilotes, des banquiers, mais aussi des flics et des pâtissiers, voire des chômeurs. À propos, c'est quoi un chômeur ? Pas de militaire, il devait en être ainsi chez les Chérif. Ses petites-filles étaient enseignantes, secrétaires, hôtesses de l'air, journalistes… des titres ronflants dont il ne fallait pas se fatiguer à chercher le sens, de faux rôles pour des créatures qui avaient trahi leur sexe !

Peu à peu, tout le monde oubliait Yamna et cela ne lui échappait pas. La Lalla du village devenait pareille à un objet sur une étagère, une photo dans un cadre ancien, une pelote de nostalgie que ses enfants se renvoyaient sur le terrain de leurs enfances révolues. Seule sa bonne savait combien elle était présente à son entourage, et seule elle habitait dans son regard. Yamna la bénissait.

Bien sûr qu'il lui arrivait d'écouter attentivement les conversations. Et d'essayer de déchiffrer. Mais c'était comme forcer un malade à absorber une nourriture pour laquelle il n'a pas d'appétit. Elle en mangeait en serrant les mâchoires. Palpait de ses doigts le destin de ses filles comme on le ferait d'un tissu à la texture rêche. Jaugeait leur vie au timbre de leurs voix. Mesurait ce qui la séparait d'elles au débit de leurs paroles, à leurs rires que le siècle avait libérés de toute retenue. Rire ? De son temps, on enfermait les femmes pour moins. Partir ! Le scandale absolu, alors que ses filles avaient suivi leurs hommes loin du village, certaines jusqu'au pays de Monsieur Joiffre, comme si l'on pouvait quitter sans conséquences la terre des ancêtres !

Elle savait que, entre deux sujets de conversation, ses hôtes reprendraient conscience de sa présence et la considéreraient à nouveau. C'était de son ressort. Il lui suffisait de lancer deux phrases ordurières. Autrement dit, de manier l'insulte en se faisant passer pour une dérangée. La maladie et la vieillesse lui servaient d'issue vers la liberté, même si c'était cher payé. Elle avait enfin la possibilité de dire ce qu'elle n'avait jamais osé dire, de se livrer à des gestes que d'aucunes assimileraient à des obscénités, bras d'honneur et majeur dressé. La ville lui facilitait la tâche, lui permettant de traiter ses enfants comme des étrangers à son sein.

Puis elle se taisait. Seule Naïma la devinait sur la route d'Ebba.

Elle levait un sourcil et le baissait, introduisait sa main droite dans son giron pour en sortir sa boîte à tabac, s'enduisait la gencive de poudre, se repalpait le giron pour en extraire son chapelet. Et sa voix coulait soudain, égrenant les noms d'Allah pour conjurer les temps modernes de peur qu'ils ne déteignent sur ses derniers jours.

Elle regardait dans la direction de sa bonne l'air de dire : ces imbéciles sont encore là ! Elle revenait pour sa part de sa maison, le mobilier de l'ancienne époque était intact, Farès dans la force de l'âge, le pain tout frais pétri de ses mains et jusqu'aux bouts de ciel bleu restés accrochés à son patio. Ses enfants pourraient la noyer sous leurs mots bizarres, leurs états d'âme frelatés, les sonneries en tout genre de leurs maudits appareils, ils ne lui arracheraient pas le moindre doute quant à la validité de son propre monde. Et si leur présent s'exposait à son écoute intuitive, le sien demeurerait caché derrière ses paupières, car toute tentative forcée de le sortir de son écrin l'exposerait à tomber en poussière. Alzheimer, mon cul !

Yamna sursautait tout à coup. Un gamin venait d'allumer la télévision. Elle se promettait alors de raconter à sa bonne, tout à l'heure, le jour où le petit écran avait pris place dans son salon d'Ebba, après qu'Aljia en eut acquis un. Elle avait refusé de se montrer devant l'appareil. Et passé un bon mois à le contourner, persuadée que les esprits du Mal y avaient élu domicile. Au début, en entendant les sons sortir de l'écran, elle se bouchait les oreilles, paniquée par cette voix échappée d'une gorge ferreuse qui se déversait sans pudeur au milieu de son foyer. Elle prenait des précautions pour ne rien dire qui arrivât aux oreilles de l'intrus et ne se déshabillait jamais à proximité, craignant d'être surprise par la bande de vicieux planqués derrière l'écran. Un jour, en entendant une mélodie de Farid al-Atrach, seul chanteur arabe qui ait trouvé grâce à ses yeux, elle s'était approchée sur la pointe des pieds. Mais elle avait trouvé l'Égyptien si laid et si maniéré qu'elle le détesta à jamais. Elle n'allait pas tarder à revenir aux airs de son village, naguère chantés par ses frères et ses oncles, sans instruments ni fanfare, la main collée à l'oreille et le timbre aussi fort que celui des orages qui fracassent les montagnes, c'est sûr, ils auraient fait péter de l'intérieur la poitrine en fer de ce machin !

Lorsque la plupart de ses enfants furent partis, qui pour se marier, qui pour travailler, elle demanda à sa bru Soraya d'assurer sa protection pendant qu'elle prenait son courage à deux mains et s'approchait plus près du poste. Elle vit des gens se pavaner dans des palais somptueux, les femmes surtout, affublées de fourrures frémissantes, le museau prêt à mordre ! Elle apprit pour la première fois qu'il y avait des coins sur terre qui n'étaient pas son pays, où l'on se comportait différemment et où les dames poussaient l'audace jusqu'à découvrir leurs mollets. C'est à la faveur de la télévision qu'elle eut une petite idée de l'ancienne vie de sa bru et comprit, surtout, que son monde à elle menaçait de s'éteindre. Elle boycotta l'écran quand on lui rapporta l'amour que vouait Aljia pour la boîte à images. Sa rivale s'était mise à suivre avec frénésie les émissions et se trouvait si captivée par les feuilletons que, lorsqu'elle était contrainte d'aller vérifier la cuisson d'un plat ou de retirer son pain du four, elle ordonnait à son petit-fils, Mondher : « Retiens-les ! Dis-leur de m'attendre, je reviens tout de suite. » Enfin, Yamna menaça de détruire l'écran à coups de mortier le jour où elle sut qu'Aljia s'apprêtait à acquérir une deuxième télévision qui, non seulement produisait des sons et racontait des histoires, mais dessinait les gens et les paysages avec des couleurs plus vraies que nature ! Dieu pende cette garce par les paupières !

Pour l'heure, à Tunis, le monde de ses proches ne la perturbait pas. En attendant l'arrivée de son amoureux, Stoufa, à qui elle rapporterait toutes les bêtises proférées par sa progéniture, y compris les méchants propos le concernant, elle pourrait passer des heures dans son village, loin de l'agitation de ses filles dont l'existence sentait le parfum bon marché des putains. Sa bonne l'y accompagnerait, marchant à son pas, recueillant avec soin ses confidences à partir du seul endroit où elle consentait à parler, Ebba l'heureuse.

Au cours de ses récits, Yamna exhumait des mots d'autant plus anciens et friables que les objets qu'ils désignent ont disparu. Elle avait envie d'allumer la *gouja*[1] et de préparer le pain *bouchaggouf*[2] que seule Soraya savait encore faire. En plein quartier de Tunis où pousse le béton et caracolent les plantes en plastique, elle invoquait le cri du coq et de la cigale, feignait de sentir l'odeur des champs gorgés d'eau, faisait un signe de la main à Sidi Askar et terminait en remerciant Dieu des bienfaits qu'il prodigue à Ebba et dont il a privé la grande ville. *Amen !* ponctuait sa bonne. Elle égrenait la liste des gens qui se bousculeraient dans son patio pour quelque demande d'ordre privé, mais elle les congédierait très vite, puisqu'elle aurait son couscous à rouler, ses épices à trier pour l'hiver, la laine à carder, la journée était si courte !

Eh, oui ! N'en déplaise à ses filles, il n'y avait ni folie ni oubli dans ce que disait Yamna. Elle n'avait rien perdu de sa mémoire mais simplement décidé de séparer son corps de son esprit, de vivre dans son village tout en étant ailleurs. Elle ne marchait guère sur les pas d'une vie passée, elle improvisait son quotidien sur une trame d'origine. S'il lui plaisait à elle de se glisser dans la peau de la jeune épouse de Farès et de revenir aux temps de jadis, elle en était libre, c'était la seule chose dont la cécité lui avait fait cadeau : lui permettre de retourner dans son village à volonté et sans frais !

De cette manière, Yamna avait su échapper à l'avancée implacable du progrès et aux autoroutes rutilantes de la modernité. Contre la folie d'une époque pleine de fracas, elle avait réussi à maintenir

1. Four en terre cuite.
2. Variété de pain consommée dans le nord-ouest de la Tunisie.

le cours d'une existence vieille comme le monde, adossée à la mémoire des ancêtres, réglée sur le chant du berger et le rythme des charrettes qui sillonnaient jadis Ebba avant que ne fût introduit le train de Monsieur Joiffre.

Alzheimer, disent ses enfants ! Ces idiots n'ont pas compris qu'elle usait à leur adresse de propos incohérents pour les tenir à distance, comme jadis elle usait de ses contes pour ne pas se faire questionner sur ses secrets ! Même si, c'est vrai, elle s'emmêlait parfois les pinceaux, jouait tellement bien le délire qu'elle ne distinguait plus ses oublis réels de ses absences feintes. Mais jamais, au grand jamais, ses enfants ne seraient assez intelligents pour comprendre qu'elle empruntait l'incohérence comme un sentier dérobant à la souffrance et une porte par laquelle se faufiler dans le passé sans se blesser.

Souvent, après avoir expliqué son état à Naïma qu'une telle perspicacité subjuguait, elle lui faisait jurer de n'en rien répéter à personne.

Yamna craignait plus que tout que sa bonne ne cède à la tentation du sexe et profite de sa cécité pour commettre l'irréparable. C'est pour cette raison qu'elle se mit à l'appeler à toute heure afin de s'assurer de sa présence, et qu'elle l'obligea à dormir près de son lit, de sorte qu'il lui suffisait de tendre la main pour vérifier qu'elle était là. Elle entonnait alors une longue psalmodie, demandant à Dieu de protéger sa bonne de l'intrus et d'interdire son entrecuisse au mâle illégitime, la mort et pas la honte, elle-même avait connu le risque du déshonneur ! Par Allah et son Prophète, elle était la gardienne des vierges et des membranes infranchissables ! Ce n'est pas pour rien qu'elle avait retiré ses deux filles aînées de l'école. Jamila et Noura n'étaient plus des gamines, leur façon de marcher avait changé et leurs seins pointaient sous la robe. Il n'aurait plus manqué que l'une ou l'autre revienne un jour avec un bâtard dans le ventre, comme cette pute d'Aljia ! D'ailleurs, elle leur avait scellé le vagin, y compris à ses deux dernières, pour être tranquille.

Il lui arrivait de faire des cauchemars au sujet de Naïma. Elle se réveillait en nage, persuadée que cette dernière était en train de forniquer à côté. Où est Naïma ? Elle tendait la main, mais refusait de croire ses sens. Demain, elle inspecterait l'hymen de sa bonne !

Ainsi, à cette période où l'âge la privait de sexe et où Stoufa jouait pour elle un avatar de l'amour, elle réinstaura le rituel de son village et décida de s'occuper du vagin de sa domestique. Régulièrement, elle la convoquait, se redressait, lui ordonnait de monter sur le lit et de se positionner en face d'elle, clamant : « Je vais trouver le voleur ! S'il a pris ton trésor, c'est toi qui mourras de ma main ! »

Elle tâtait l'entrejambe de Naïma à l'aveuglette, y fourrait le poignet au son de ses bracelets, dégageait le sexe et y introduisait le doigt. Un *ouf* de soulagement concluait ses visites dans l'intimité de sa bonne qui, s'étant habituée à l'exercice, s'en amusait plus qu'elle ne s'en offusquait. Le bonheur submergeait alors Yamna et, pour la récompenser d'avoir sauvegardé son bijou intact, elle acceptait de lui chanter la balade narrant la mort de son père Gadour : « Lorsque les belles le pleurèrent et que les cieux en rendirent l'écho ! »

Ces jours-là, retrouvant à sa bonne humeur, fêtant l'honneur des femmes qui tenait solidement en place, elle attendait Stoufa pour qu'il l'aide à se relever, arranger sa mélia et serrer sa ceinture. C'est bon, elle arrive à tenir debout, là voilà qui tape du pied et tourne du bassin, le sourire radieux. Naïma donne le rythme en frappant sur le fond d'une casserole et lance des youyous qui s'en vont jusqu'au plateau de Jugurtha, là-haut sur les montagnes. Yamna danse toujours, elle tient debout par le miracle de la vulve scellée et la présence du mâle de ses derniers jours. Elle a les yeux mi-clos, la bouche ouverte, sa mélia soudain piquée de champs de coquelicots à perte de vue, de cours d'eau azur et de bottes de blé alignées tels des lingots d'or. Ses pieds frappent le sol et modulent leur cadence sur un battement souterrain. Le siècle bascule vers l'arrière et la ville de béton s'effondre comme un jeu de cartes !

Lorsqu'il arrivait à l'une de ses filles de la surprendre dans cet état d'allégresse, Yamna s'immobilisait et ordonnait à Stoufa de la remettre au lit. En réalité, elle ne faisait que se plier à l'usage qui dictait de ne pas consentir à la familiarité avec sa progéniture en montrant sa liesse.

La fois où, devant ses enfants, elle s'était laissée aller à rire et à taper des mains, elle l'avait fait exprès pour que ces crétins croient qu'elle perdait la raison et déguerpissent au plus vite.

Et puis, ce ne sont pas ses enfants qui lui auraient parlé aussi bien que Stoufa ! Son gardien d'immeuble savait l'entretenir du cours des récoltes et du rituel des saints, des moutons qu'il fallait égorger dans le sens de La Mecque et des ânes qui appréciaient plus que tout les figues de barbarie. Des bœufs et des charrues aussi, qui, quoi que l'on dise, demeuraient l'attelage le plus sûr. Pour elle, Stoufa avait appris par cœur le calendrier des saisons, « les Nuits blanches » qui couchent l'hiver dans un drap de neige et « les Nuits noires » qui augurent d'un printemps brûlant. Les aubes où descend du ciel la « Braise du feu » suivie de la « Braise de l'eau ». Ou vice versa. La porte claquait sur Tunis et Yamna s'apprêtait à partir avec son amoureux. Il passait ses mains sous ses épaules, la soulevait et la portait. Elle demandait si le convoi était prêt. Il répondait par l'affirmative en la calant sur la chaise roulante que Raouf lui avait achetée pour faciliter ses déplacements :

— La calèche de Madame est prête !

Stoufa jouait le jeu et elle adorait ça. Elle faisait en sorte de lui glisser quelques billets auparavant :

— Tiens, c'est toi le maître de ma maison, c'est toi qui dépenses.

Puis :

— Fouette les bêtes, sans cela, elles ne vont pas courir. Et convoque les chanteurs !

— Oui Lalla, obtempérait Stoufa, avant de brancher la radio dont jaillissaient d'anciennes mélodies enregistrées sur des cassettes que le gardien dénichait dans les antiquités de la vieille ville.

Elle s'était fait un film et elle rebâtissait le scénario à sa convenance. Et alors ? Elle était libre, non ?

La voix montait de la radio, pendant que Yamna imaginait l'aède, sa main calée sur la joue pour amplifier l'écho :

« Ô ! vous, gens d'honneur et de compassion/Ramenez-moi mon cousin/Celui que j'aime et que je brûle de ne pas conjoindre/Sa salive est de miel et sa lèvre de sang/De ma mort qui donc répond ? »

Yamna dodelinait de la tête, esquissait un refrain. Sa main glissait sous le tissu qui couvrait sa poitrine. Elle caressait le tatouage que seul Farès connaissait et dont ne dépassait qu'un point bleu-vert… Stoufa poussait la chaise roulante à travers les pièces de l'appartement. Elle lançait des youyous, puis se ravisait :

— Nous ferions mieux de nous presser ! J'entends l'orage et j'ai bien peur que ne monte la crue.

— Ce n'est jamais difficile de traverser un oued.

— Tu n'en sais rien, sale fripouille !

À cet instant, la voix du chanteur reprenait :

« Entre les flancs de l'oued coule/Goutte après goutte/Le sang de ma vierge bien-aimée ! »

Soudain, Yamna criait :

— Arrête-toi ! Arrête-toi !

— Pourquoi ?

— C'est ici que mon père a caché le trésor.

Et sa bonne, seule, comprenait.

Ces jours-là, après avoir échappé à la crue, trouvé la cachette du magot et regagné son village saine et sauve, Yamna demandait un baiser à Stoufa et s'endormait apaisée. Un baiser ! !

Un matin, Soraya arriva dans une 404 bâchée, dont elle fit descendre deux agneaux bêlant, un quintal de couscous et deux jarres de miel. Pour tout remerciement, Yamna laissa tomber :

— Tu perds la mémoire comme les gens de la ville. Tu oublies que je ne dois pas manger de miel !

Elle demanda qu'on brûle de l'encens et qu'on prépare le thé. Puis elle se tut. Soraya savait à quoi s'en tenir. Yamna ne lui demanderait pas des nouvelles de son mari ni de ses rejetons. Elle attendait autre chose de ses visites.

Alors, Soraya s'éclaircit la voix et quand elle ouvrit la bouche, le village roula sur ses lèvres :

— Tu veux savoir, Lalla, ce qu'il est advenu du petit-fils d'Aljia ?

C'est ainsi que Yamna tenait, grâce aux voyages fictifs en compagnie de Stoufa ou de Naïma tout autant qu'aux récits rapportés d'Ebba par sa belle-fille :

— Imaginez-vous que Mondher est rentré de France dans un état ! Les tempes grises, les joues creuses et les iris qui ont déteint l'une sur l'autre ! Il avait pour tout bagage un cartable de couleur sombre comme sa mine. À Ebba, on s'est moqué de ce raté descendant d'Aljia qui n'a pas été fichu de ramener une voiture, des meubles, pas même une chrétienne qui ressemblerait à Klaus, l'Allemand. Mais moi, je peux vous dire, Lalla, que Mondher craignait surtout de se faire voler son bagage et il le glissait tous les soirs sous sa tête, s'en servant comme oreiller. Ce qui n'a pas manqué d'intriguer tout le monde, bien sûr. D'aucuns ont supposé que le cartable contenait des liasses de billets de banque, voire des diamants, et qu'Aljia allait se retrouver à la tête d'une nouvelle fortune.

Yamna écoutait, les traits fermés.

— Un jour, poursuivit Soraya, mon fils Sami est allé passer la soirée chez Mondher. Il a attendu qu'il s'endorme pour lui subtiliser la mallette. Ensuite, il a rejoint des amis avec le butin. Et savez-vous, Lalla, ce que ces garçons ont découvert dans la mallette ? Vous n'y êtes pas ! Il n'y avait ni francs, ni bijoux, ni têtes d'Infidèles en miniatures...

— Abrège !

— La valise contenait... des feuilles de loto !

Ne comprenant pas cette histoire de « loutou », Yamna bâilla de tout son dentier. Sa bru continua comme si de rien n'était. Elle révéla que, à la suite de cet épisode, le fils de Habib et petit-fils d'Aljia, Mondher, avait annoncé son intention de se mettre en quête du trésor de son grand-père, ce qui ne surprit point son auditoire. Quel trésor ? C'était une lubie des Gadour et personne, depuis longtemps, ne croyait que le trésor en question existait ailleurs que dans la tête des femmes. Après de longues et vaines recherches, Mondher fit part de sa décision, aussi peu scrupuleusement que s'il annonçait l'achat d'un produit de confort ou le projet d'une partie de chasse : « J'ai décidé de tuer grand-mère », avait-il lancé.

À ce moment du récit, Yamna s'esclaffa.

— Mondher a beaucoup fouillé et énormément réfléchi. Il en a conclu qu'Aljia connaissait la cachette du trésor mais refusait de la lui indiquer. Il déclara qu'il voulait prendre femme et se refaire une dignité. Et exigea immédiatement d'hériter des biens de sa grand-mère pour couvrir les frais du mariage. Si Aljia persistait à cacher le magot, il l'étranglerait de ses propres mains !

Un sourire de bonheur éclaira le visage de Yamna.

— Les anciens ont tenté de raisonner Mondher, lui expliquant qu'Aljia ne possédait plus grand-chose. Le socialisme avait volé ses terres et affamé son bétail depuis des lustres. Mondher ne voulut rien entendre et menaça de se suicider s'il ne convolait pas en justes noces. Il a dit, à la lettre, que la France remonterait dans sa gorge et qu'elle l'étoufferait s'il ne mettait pas une femme sous lui. Et il a harangué le ciel, le poing menaçant : « Vous n'avez qu'à vendre les bijoux de grand-mère. De toute façon, ils ne lui permettront pas de s'acheter une noblesse comme celle de Yamna. — Tu es fou, ont répliqué les plus sages, tu vas creuser la tombe de ta grand-mère de son vivant ! — Mais elle sera bien allégée avant de s'y étendre avec tous ses péchés », a-t-il rétorqué.

Yamna se couvrit la bouche d'un pan de ses foulards et rit discrètement.

— Cette réponse a incommodé tout le monde et l'on a mis l'insolence de Mondher et son irrespect pour la famille sur le compte de son séjour en France. Les plus compréhensifs ont expliqué qu'il n'avait pas connu sa mère, disparue, semble-t-il, après l'avoir déposé chez sa grand-mère Aljia. Les plus sévères ont mis en cause les origines douteuses de cette dernière, « la nomade arracheuse d'époux ». L'imam Salah qui a succédé à son père a renchéri pour sa part sur les maux dont la France a contaminé le jeune garçon : « Toutes ces années d'absence ont vidé ses veines du sang mahométan et lui ont fabriqué un cœur à la française, c'est-à-dire en matériau dur. »

Lorsque Soraya s'interrompit pour boire une gorgée de thé, Yamna intima :

— Continue.

— Mondher a rôdé autour de la chambre de sa grand-mère, surveillant sa respiration, prenant son pouls, allant jusqu'à renouer avec certaines habitudes des villageois : il se rendait au mausolée de Sidi Joiffre et priait pour que le saint mette un terme à la vie de l'aïeule. Seule la solution du mariage lui éviterait de reprendre le chemin du pays dont il était revenu sans fortune ni gloire, avec seulement une valise de feuilles de jeux perdants. Mais Aljia qui, comme vous le savez, Lalla, ne marche pratiquement plus à cause d'une mauvaise circulation du sang, ne semblait pas pressée de partir. Même si elle avait deviné les désirs de son petit-fils et qu'elle l'entendait maintenant fulminer à haute voix sous ses fenêtres. Il y a trois mois, devant l'immense télévision qu'elle avait commandée avec la conviction d'investir dans un coin de France et, ce faisant, d'étancher la soif de cette nation ancrée chez son petit-fils, elle est sortie de sa réserve. Elle s'est exclamée à la vue d'une brochette de demoiselles blondes aux yeux clairs qui défilaient sur l'écran : « Regardez-moi toutes ces jeunes filles ! Elles sont belles, rayonnantes et pleines de vie. Si l'Ange de la Mort voulait une proie à tout prix, pensez-vous qu'il commencerait par une vieille peau comme moi, au lieu de croquer dans ces chairs aussi fraîches qu'un agneau de lait ! » Et elle s'est endormie. Ce jour-là, Mondher a menacé de jeter l'ancienne dans un puits si elle persistait dans son obstination à vouloir vivre !

Yamna rit aux éclats.

Si les visites de Soraya aidaient Yamna à supporter la ville, ses départs la replongeaient dans les souffrances de l'exil. Elle pleurait en conjurant les saints : « Ô ! Sidi Askar que je croyais aimer ! Et toi Sidi Ben O'un ! Vous, qui ignorez ma détresse ! Et toi, Sidi Anmar aux sept parures ! Écoute l'enfant qui se meurt loin de ton mausolée ! Et toi, Sidi Dahmani à la coupole blanche comme ta crinière, pourquoi m'as-tu abandonnée dans ce coin de terre où il n'y a ni ciel qui se déploie, ni oiseau qui vole ! »

Yamna n'implorait jamais le secours de son père. Elle appelait sa mère, comme si les mamans seules connaissaient l'effet réel des mots sur les plaies. Elle désirait plus que tout dormir dans le giron de Tounès, téter son sein et poser la tête sur son cœur. Tounès absente, et voilà sa fille blessée et orpheline. Tounès morte, et Yamna ne comprend pas que l'enfant soit condamnée à survivre dans un temps où le bruit des machines a couvert le chant des berceuses. Que Tounès vienne donc essuyer ses larmes tombées par mégarde au milieu des étrangers ! Pourquoi ne se redresse-t-elle pas pour tenir la main de sa fille aveugle ! Non, la mort n'est pas un prétexte valable, pas plus qu'elle n'est un obstacle ! Que Tounès soulève la dalle et qu'elle pousse de toutes ses forces ! Qu'elle arrache les herbes de ses ongles et se mette debout dans sa tombe ! Qu'elle convoque Charda et tous les saints de la planète afin qu'ils viennent sauver l'enfant perdue au milieu de ces singes des villes ! Que les hommes de la tribu s'empressent de la couvrir de leurs burnous et qu'ils l'emmènent sur les palanquins, comme jadis les mariées !

Scandée en prose rimée, la complainte de Yamna pouvait durer des heures entières. Elle venait à s'ajouter ses lamentations causées par l'absence de Stoufa. Naïma essuyait ses larmes juste avant l'arrivée de ses enfants. Elle avait tout nettoyé, le déjeuner était prêt, elle venait poser le plateau sur ses genoux, allez, Lalla, il faut manger ! Yamna refusait tant que sa mère ne viendrait pas soulever son drap, la caler sur son ventre et lui raconter des histoires en guise de nourriture.

Puis elle se ravisait. Si sa bonne la dispense de manger, elle lui racontera un autre épisode de son passé et les méfaits de cette « putain d'épouse de mon père ! ». Elle crachait son dentier et concluait : « Je te le dis, ma fille. Ne fais jamais confiance aux femmes. Et si tu ne tires pas la leçon de mon expérience, mes yeux verront mieux que les tiens ! »

Suivaient les jours où Yamna s'interdisait de parler de son village ou d'y faire la moindre allusion. Elle se mettait alors à crier à l'adresse de sa bonne :

— Prépare les bagages, nous partons !

— Où ?

— À Ebba, pardi ! Mais ne le dis à personne. Appelle un grand louage et nous nous en irons sans que mes enfants le sachent.

Elle s'efforçait de mettre un pied au sol, cherchait l'appui de Naïma, puis, tout à coup, s'effondrait sur son lit : « Ce n'est pas manque de courage, disait-elle, c'est pour raison de dignité ! »

Elle expliquait qu'elle brûlait de ne pas pouvoir rentrer chez elle et brûlait tout autant à l'idée d'y retourner dans son état. Elle saignait d'avoir laissé Aljia sa rivale sur ses terres mais n'aurait pu supporter la honte de se montrer devant elle aveugle et diminuée. Bien sûr qu'elle avait réfléchi, hésité, pleuré, cherché des prétextes pour se consoler. Mais toutes les peines étaient moindres que celle de ne pas voir Ebba guetter ses ordres et se mirer dans l'éclat de ses bijoux. De ne pas percer à jour la pensée des villageoises, leurs manigances, l'envie jalouse d'Aljia qu'elle conjurait jadis à coups d'amulettes et de prières. En retournant aveugle à Ebba, elle courait le risque, justement, de ne plus reconnaître Aljia dans la foule des visiteuses. Jamais celle qui avait vécu avec la fierté des reines n'accepterait l'humiliation des serfs !

— La mort plutôt que la honte ! égrenait-elle cent fois sur son chapelet.

C'est ainsi que ses rêves de retour se transformèrent tout naturellement en trame pour ses confidences. Le jour devenu sa nuit, elle raconta tout, y compris sa décision de laisser ses enfants orphelins de ses secrets après qu'ils l'avaient été de son regard. Ils ne méritaient pas mieux, ses garçons comme ses filles, qui ignoraient le mal la rongeant davantage que la maladie. Ces sots qui se posaient des questions sur ses silences et ses colères, ses grèves de la faim, son refus de sortir, son obsession de se laver à grandes eaux, sa façon d'exorciser la distance par l'amour ! Ces imbéciles qui invoquaient l'âge et la perte de la mémoire, le diabète et je ne sais quoi encore, alors qu'elle souffrait d'avoir été éloignée de son village et n'attendait pour mourir que la mort de son ennemie. Aljia de son nom.

C'est pour cette raison qu'elle tyrannisait sa progéniture ! Il lui suffisait d'alterner le silence et l'injure, la mémoire et l'oubli, occupant sa vie citadine à les occuper, comme ça, pour les punir du chagrin qu'ils lui avaient infligé en la jetant dans la ville comme un vulgaire objet inutilisé. Fils de putes ! Déplace-t-on les fleuves sans qu'ils s'assèchent, les montagnes sans qu'elles s'effondrent, les ruisseaux sans que leur chant se taise ? Enferme-t-on les lions sans qu'ils perdent de leur panache et fait-on courir les gazelles sur la neige, elles en mourraient ! Comment avez-vous osé décrocher de leur socle les cimes et déterrer la racine des oliviers ? Comment avez-vous pu déménager le centre de la terre ? Vous expierez votre faute jusqu'à la fin des temps, enfants traîtres et impies ! Pourquoi avez-vous commis l'irréparable contre celle qui vous a mis au monde ? Dieu l'avait placée sous Son regard, vigile des mémoires anciennes, et le village tournait autour de son corps voilé et paré de bijoux qui commandait à la place du soleil.

Ainsi parlait Yamna.

Elle avait eu raison de rompre avec l'usage matriarcal de sa tribu en renonçant à se confier à ses filles dans son ventre. Bien fait pour ces chiennes ! Elles ne valaient en rien sa bonne.

Quelques jours avant le retour de Soraya, Jamila vint la voir dans une intention très précise. Elle s'assit à ses pieds, resserra son foulard et lui déclara que c'était péché de tomber amoureuse à son âge. *Haram*[1] fut le mot que sa fille répéta quatre-vingt-dix-neuf fois, au moins. Elle voulait absolument remettre Yamna dans son corps de vieille, de veuve et d'exilée :

— Il faut arrêter avec cette comédie. Stoufa n'est ni ton cousin, ni ton amoureux, ni rien de tout cela. C'est le gardien de l'immeuble. Pas plus.

Et d'enfoncer le fer dans la plaie :

— Il est laid et tu crois qu'il est beau. Il aime sa femme et il ne t'aime pas. C'est ça la vérité. Alors cesse de rêver et n'offense pas Allah ! Avec un tel comportement, tu risques de perdre ta place au Paradis.

Et sa fille de jeter un tapis sur le sol et de s'agenouiller pour la prière.

1. Illicite.

Yamna tomba sous l'effet de cette admonestation comme on meurt sous l'impact d'une balle. Elle perdit connaissance et l'on ne donna pas cher de sa vie. Mais elle se réveilla dans la nuit. Et pria longtemps pour que ce ne fût pas Jamila qui la lave quand elle mourrait. Pour le reste, elle savait qu'elle s'en irait, ne déplorant pas tant de perdre sa place dans l'au-delà que d'avoir eu à subir ici-bas les remontrances de sa fille: « La mort et pas la honte ! » Elle l'avait dit et redit à sa bonne: elle n'aimait pas Stoufa. Il lui ouvrait un sentier vers sa jeunesse et la route vers son mari. Il lui servait à jouer, publiquement cette fois, les sentiments qui la chevillaient à Farès. Bien évidemment qu'elle devinait le physique repoussant de Stoufa et sa fourberie naturelle. Et elle prenait un plaisir fou à tirer cette canaille chauve de son sommeil à des heures impossibles, dans le seul dessein de lui faire rompre commerce avec sa femme qu'elle imaginait en tout trait semblable à Aljia, la catin de son père.

C'est cette nuit-là qu'elle avait décidé de s'en aller, maintenant qu'elle n'avait plus « ni jeunesse, ni amour, ni patrie ».

Sur ces faits, Soraya poussa sa porte. C'était un 1er avril. On venait de lui annoncer que sa belle-mère était au plus mal. Elle avait sauté dans un louage sans avoir eu le temps de mettre son *safsari*. Justement, elle possédait le remède qui guérirait la patiente, notamment la nouvelle concernant Aljia.

Soraya fit sonner ses anneaux en se penchant sur Yamna. Elle lui effleura le front. Puis se laissa choir sur la peau de mouton qui servait de descente de lit. Ensuite, elle demanda sur le ton autoritaire de sa belle-maman :

— Naïma, fais brûler de l'encens. Et prépare le thé.

Et elle commença son « traitement ».

— Savez-vous ce qui vient de se passer au village, Lalla ?

Yamna ouvrit à moitié les yeux.

— Une chose incroyable ! Incroyable !

Yamna fit un effort :

— Quoi ? Que s'est-il passé ?

— Permettez-moi de commencer par le début, Lalla. Vous vous rappelez sans doute le comportement bizarre de Mondher, le petit-fils d'Aljia, après son retour de France. Eh bien, il y a une semaine, il s'était assoupi tout près du mausolée de Sidi Joiffre lorsqu'il a été réveillé par le fils du menuisier, une fripouille nommée Najib. « Je viens de découvrir un magot. — Quel magot ? Où ? a interrogé Mondher, incrédule. — Allons chez toi. » Mondher a suivi le fils du menuisier jusqu'à la maison de sa grand-mère qui, comme vous le savez, est l'ancienne maison de Monsieur Joiffre. « L'autre jour, ta mamie m'a demandé d'accrocher une photo de La Mecque dans son salon. En fixant le clou, voici ce que j'ai découvert. » Najib a poussé sur le mur, qui s'est fendu laissant voir une porte qui donnait sur une pièce sombre encombrée de bouteilles, de bonbonnes en tout genre et de fiasques enrobées de paille. Il y en avait partout sur des étagères et sur le sol. Certaines étaient munies de robinets et de becs en cuivre. D'autres avaient la taille de tonneaux de blé. « C'est le sang du christ ! » a claironné Mondher en connaisseur. Et, bien que déçu de tomber sur un ruisseau d'alcool là où il s'attendait à une rivière d'or, il s'est précipité sur les premières bouteilles et a bu au goulot. « Et si on appelait les copains ? » a suggéré le fils du menuisier. Ils ont enfermé Aljia dans sa chambre à coucher et ont envoyé chercher les copains, puis les voisins, puis les gamins des quartiers périphériques qui ont poussé dans le village comme du chiendent, paresseux et mal polis en plus ! Bientôt, une longue file s'est formée devant la maison, le bruit s'est répandu et les paysans sont descendus à dos de mule garnis de jerrycans. C'était un vendredi et, lorsque la rumeur est arrivée dans les rangs des croyants prosternés pour la prière, un grand mouvement s'est fait et l'imam Salah, le fils de son père, s'est retrouvé seul sur le minbar. En fin d'après-midi, la foule a grossi. Elle est devenue si dense que des disputes ont éclaté. L'on s'est arraché les bouteilles, de la fiole la plus mince à la bonbonne ventrue, l'on a ri et chanté. Les anciens ont cru qu'Ebba renouait avec ses Nuits de l'Erreur. Quant aux jeunes, l'alcool aidant, ils en sont venus aux mains. Et quelqu'un a couru chercher les gendarmes.

« Mais voilà que, au lieu de sévir contre le désordre public, les uniformes se sont empressés de tester la marchandise des colons. Ils y ont mis tant de conscience que leur vision s'en est troublée. L'on a dû les dessaouler en leur tapant sur la tête avec leurs propres gourdins. Une heure plus tard, tous les hommes d'Ebba étaient devant la maison d'Aljia et le village s'est mis à se balancer de droite à gauche. Les flics chantaient et tiraient des balles en l'air ! On eût dit la Palestine ! À l'aube, les plus alcoolisés, réflexe hérité de leurs crétins de pères, ont pris la direction de Darbiche. Sauf que le bordel, comme vous le savez, Lalla, est devenu une salle des fêtes. Mais c'est inscrit dans la race ! Seul Salah, plus que jamais fils de son père l'imam, a résisté et prêché un long monologue qui s'est terminé par ces mots : « Tout cela est la faute de Joiffre. Même morts, les Infidèles continuent à nous empoisonner la vie ! » Mondher était affalé par terre, ivre comme un tonneau, quand la fille des voisins est venue lui annoncer la nouvelle. Il a levé un œil mais s'est rendormi aussitôt. Ce n'est que le lendemain qu'il a réalisé ce qui venait d'arriver à sa grand-mère. Vous voulez savoir quoi, Lalla ?

— Oui, a répondu Yamna dans un souffle.

— Aljia est morte. Bel et bien morte !

Yamna ferma les yeux et le ciel radieux de son village glissa sur ses paupières.

— Et vous savez ce qu'il a fait, Mondher ? Il a serré sa taille dans la ceinture de sa grand-mère et il a dansé au milieu du patio avant de courir au souk vendre ses bijoux.

Soraya a posé son verre, interloquée par l'absence de réaction de sa belle-mère :

— Vous entendez, belle-maman. Aljia est morte ! Aljia est morte.

Elle s'est levée :

— Eh bien ! C'est tout ce que ça vous fait de savoir que la sorcière a crevé ! Eh, Lalla ! Lalla !

Yamna gardait les yeux fermés et ne bougeait pas.

Et la bonne de hurler tout à coup :

— Madame Jamila a failli la tuer, et maintenant c'est vous. Simplement avec vos histoires ! !

Cette nuit là, Soraya venait d'arranger pour sa belle-mère une fin à son goût. L'avait-elle préparée ? Avec l'intention de la mener de vie à trépas. Ou pensait-elle sincèrement lui redonner la santé ? En tout cas, elle ne sembla ni triste ni affectée de voir Yamna sur le point de partir. Elle prononça même cette phrase en réponse à Naïma :

— Il était temps qu'elle rentre chez elle.

Épilogue

Il est neuf heures du matin quand le convoi de voitures s'ébranle. J'ai tenu à voyager seule. Nous quittons Tunis via la banlieue ouest et nous nous enfonçons dans l'arrière-pays, vers la frontière algérienne. Les véhicules, une dizaine, roulent derrière l'ambulance dont la sirène se déclenche au passage d'un troupeau de moutons ou d'un groupe de paysans surgissant des emblavures. Parfois, la route se transforme en piste ou disparaît entre deux ravins. Elle débouche sur des lits d'oueds qui, en période de crue, obligent les automobilistes à faire demi-tour. La route grimpe maintenant en une succession de collines boisées avant de redescendre vers les plateaux. L'on voit les engins filer dans la plaine en même temps que des colonnes d'amandiers frémissant dans le bleu du ciel.

Des corbeilles de jeunes filles sont sorties accueillir le printemps comme il se doit dans la région. L'herbe craque sous leurs pas et le vermillon des coquelicots badigeonne les sillons. Toute la beauté de la nature me saute aux yeux, en contrepoint de l'imbécile cours des choses qui ne se soucie point de la mort des mamans.

Le paysage disparaît par intermittence, chaque fois que mes yeux se voilent de larmes. En vérité, je n'arrive plus à faire barrage à mes émotions. Je pleure le décès de ma mère, sa vie passée, la séparation d'avec elle. Mais je me révolte aussi contre la lourde charge de son secret, dont je suis désormais dépositaire. Beaucoup plus tard, je me demanderais si le chagrin ressenti à sa disparition n'avait pas à voir avec le désarroi et la colère. Certes, je n'ai pas su deviner ses joies et ses tourments assez tôt. Mais j'ai du mal à pardonner ses mensonges et ses mises en scène, en même temps que je ne peux m'empêcher d'admirer la façon qu'elle avait choisie pour conjurer ses souffrances par le silence et l'imposture.

Les bras crispés sur le volant, je me mets à sangloter à haute voix et me surprends de tant larmes, ayant désappris à pleurer en France.

Je me ressaisis en butant sur la barrière du passage à niveau. Le moteur cale, je panique mais je réussis à redémarrer. Le ciel vire au gris et se transforme en une bâche métallique voltigeant au-dessus de nos têtes. Je suis en train de me dire que non, je n'en veux pas à maman, je suis incapable de la juger, incapable de compatir à la frustration de mes frères et sœurs qui n'ont jamais fait face à son mystère. Aucun n'a osé enquêter sur la vie des parents de peur de contrevenir à la tradition. C'est probablement là ma part occidentale. Dois-je l'assumer ? Et raconter à Jamila et Noura, surtout, ce que je sais de maman, au risque d'ajouter à leurs blessures d'hier ?

Le dieu du village a dû la reconnaître. Il vient d'envoyer ses cumulus en cortège pour l'accueillir. Il se peut même que les saints l'attendent debout sur leur coupole, la main en visière, fouillant la distance. Tounès, sa mère, lui a déroulé un tapis où elle s'apprête à l'asseoir par-devers elle…

Tout à coup, le vent monte et l'éclair zèbre l'horizon d'une lumière si vive que le convoi semble connecté à une autre planète. Rien pourtant ne laissait prévoir la plus petite tempête ni la moindre brume. Et voici la terre qui se dérobe d'un coup. Plus de champs, plus de collines, ni de bêtes aux pâturages. Mais un magma jaune, une boule mouillée et aveugle, qui vient de tout aspirer. La pluie tombe drue, rapide, jubilatoire. Puis, aussi soudainement, elle lève son rideau sur le village et nous dépose devant sa porte. Une bougie court dans le ciel, tout s'éclaire, tout est récuré, les arbres et les toitures, les automobiles flambant neuves, les champs qui ondulent comme jadis sa chevelure. Les oiseaux se sont remis à chanter. De toute évidence, le village a mis sa plus belle toilette pour son retour. À moins que ce ne soit sa façon d'exprimer la douleur. Chez nous, le blanc est la couleur du deuil.

Plus tard, à la levée du corps, je me surprends au milieu des pleureuses. Trente ans de France ne m'ont pas guérie du lyrisme atavique des miens. Je bas la cadence en me griffant le visage et en déclamant des vers dans la pure tradition arabe : « Maman est morte, ô Seigneur, et je m'égarerais si je ne la retrouvais au plus vite/Je perdrais l'empreinte de mes pas si je ne les mettais dans les siens/Déjà que je vois marcher ma propre dépouille dans son cortège/Déjà qu'ils m'ont enterrée à moitié dans sa tombe/Et que je m'en vais par les chemins portant sur le dos l'autre moitié/L'enfant que j'étais n'est plus, ô Sidi Askar/Je l'ai vu lui donner la main et s'éloigner. »

Mes sœurs me regardent, ahuries.

Tandis qu'un haut-parleur entonne la prière du *assr*, je vois partir son cercueil. Les hommes seuls peuvent la porter dans la tombe et j'ai l'affreux sentiment qu'elle restera sans sépulture. Je me demande comment le mystère de la vie d'une femme peut tomber de la sorte aux mains des « ennemis » ? Car c'est ainsi que nous appelons les hommes dans mon village.

Et, pour la première fois, j'ai pitié autant pour ma mère que pour sa rivale, Aljia, empêchée de suivre la dépouille de son fils Habib, ou supposée telle.

Dans l'avion du retour, je repense à la désapprobation silencieuse de la famille devant mon refus d'ôter le linceul sur elle, frappée par la même incapacité de la fixer que lorsque j'étais dans sa chambre d'hôpital.

De sorte que, aujourd'hui, pour moi, maman n'est pas morte. Je peux toujours l'invoquer, exactement comme elle invoquait les esprits. Dans ces moments-là, quand je me concentre bien, elle m'apparaît tout entière. Et je me vois en train de lui demander pardon pour avoir transporté sa mémoire jusque sous les toits de France et l'avoir couchée dans la langue étrangère.

Composition Entrelignes (64)
Achevé d'imprimer
par la Nouvelle Imprimerie Laballery
à Clamecy, le 7 mars 2016
Dépôt légal : mars 2016
Numéro d'imprimeur : 603063

ISBN 978-2-07-266977-4 / Imprimé en France

299585